CLEAN EATING

Sarah Schocke
Eva Dotterweich

CLEAN EATING

Sarah Schocke
Eva Dotterweich

Echtes Essen
Natürliche Bewegung
Neues Lebensgefühl

CHRISTIAN

Inhalt

Vorwort

Clean Eating ist für uns im Grunde schon seit Langem die Lebensweise schlechthin – nur gibt es jetzt auch einen Begriff dafür. Superfoods begleiteten uns schon, als sie noch nicht so hießen. Wir kaufen gerne Bio und möglichst saisonal, wir denken nachhaltig und bemühen uns so gut es geht, dieses Denken umzusetzen. Uns liegen Natur und Umwelt am Herzen. Draußen Kräuter und Pilze zu sammeln ist ganz natürlich, so sind wir beiden Landeier aufgewachsen.

Nach unserem Umzug in die Stadt vor über 10 Jahren hatten wir den Kontakt zu dieser Lebensweise leider zwischendurch verloren. Wie schnell dreht sich das Leben hier, wie vollgepackt sind die Arbeitstage und wie praktisch in all der Hektik ist schnelles Essen, das an jeder Ecke verfügbar ist. Mit dem Ergebnis, dass unser Geist völlig überfrachtet, unser Körper ständig am Limit und die Laune permanent im Keller war. Oft müde, blass und abwechselnd mit Kopf- und Bauchschmerzen geplagt, mussten wir die Reißleine ziehen. Bei Sarah war das durch das Studium der Ernährungswissenschaften schon etwas früher, Eva hat dafür noch ein Weilchen länger gebraucht. Doch was für ein Glück, dass wir uns wieder auf unsere Wurzeln besonnen und den Weg zurück gefunden haben zu echtem Essen und zur Bewegung draußen im Freien.

Seitdem interessieren wir uns verstärkt dafür, was in den Lebensmitteln drin steckt, welche Vorteile echtes Essen hat und wie wir uns mit gutem und leckerem Essen gesund, fit und auch in Form halten. Schließlich ist Ernährung Sarahs absolutes Fachgebiet, da macht ihr keiner so schnell ein X für ein U vor. Eva dagegen liebt Yoga und alles, was ausgeglichen und happy macht. Wir treiben gerne Sport, sind oft draußen an der frischen Luft, egal ob beim Radfahren, Joggen oder Klettern. Wir sind dabei immer offen für Neues und haben uns auch schon an der Slackline versucht – zwar mit miserablem Erfolg, aber mit einem Haufen Spaß.

Unsere Freundschaft hat beim Arbeiten begonnen und wir haben später trotz der Entfernung Frankfurt – München immer viel Kontakt gehalten. Wenn wir zusammen sind, wird diskutiert (gerne auch kontrovers) und gelacht, da werden lustige Sachen unternommen und natürlich wird auch gekocht. Egal, ob mit Roter Bete gesüßter Kuchen, der leider nicht so der Hit war oder ein Gericht mit Fokus auf die Farbe Gelb, in der Küche sind wir zu allen Schandtaten bereit.

Die Arbeit an unserem gemeinsamen Buch hat uns einander noch näher gebracht. Wir haben wieder mal Neues über uns und übers Essen erfahren und wir freuen uns, dass wir das, was wir in der Zeit gelernt haben, nun mit euch teilen dürfen. Denn echtes Essen ist uns wichtig. Echtes Essen macht gesund und glücklich, es schützt die Umwelt und bewahrt die Natur. So wie es gerade in der westlichen Welt läuft, geht es mit der Ernährung nicht weiter. Wir wollen ein Statement in der Küche setzen und kochen an gegen Fertiggerichte und Tiefkühlpizza: Für mehr Glück im Bauch, für mehr Energie, für mehr Spaß am Kochen. Macht alle mit!

Sarah & Eva

CLEAN EATING

BASICS

Was ist Clean Eating?

Glück im Bauch – und wie geht das? Die Zauberformel heißt Clean Eating. Dahinter steckt nicht einfach eine schicke neue Ernährungsform, die diese Saison gerade hip ist. Vielmehr ist Clean Eating ein umfassendes Konzept, das viele alltägliche Bereiche berührt. Essen ist ein ganz zentraler Aspekt unseres Lebens. Damit ist verknüpft, was wir kaufen, wie (und ob) wir es zubereiten, wie wir es zu uns nehmen und wie wir uns hinterher fühlen. Ob kraftvoll oder müde. Ob genährt oder bloß satt. Ob fit oder irgendwie – aufgedunsen. Die Lebensmittelindustrie und diverse Fast-Food-Ketten mit einer riesigen Palette an Fertigprodukten haben darauf schon lange großen Einfluss. In der Hektik des Alltags ist schnelles Essen nämlich äußerst praktisch. Egal, ob zwischen zwei Terminen, in der Mittagspause oder abends, bevor es zur nächsten Verabredung geht. Die nächste Imbissbude ist garantiert nicht weit und der nächste Discounter liegt ums Eck. Dort weiß man, wie man Kunden anlockt: Eine gute Portion Fett ist bei Convenience-Produkten Standard und auch versteckter Zucker, Konservierungsstoffe und Geschmacksverstärker sind fast überall zu finden. Und wie viel besser sehen mit Farbstoffen angereicherte und mit Geliermitteln, Stabilisatoren und Verdickungsmitteln behandelte Fertigprodukte aus. Seltsam nur, dass man sich nach dem Essen so energielos fühlt. Und sich abends lieber zusammen mit dem Schweinehund auf die Couch setzt.

Deshalb: stopp, noch einmal zurück – wie war das mit dem Glück im Bauch? Das klingt so schön fröhlich und beschwingt.

Nach viel Energie, Spaß und prallem Leben. Es hat zu tun mit unverarbeiteten, gesunden Lebensmitteln, die unglaublich viel Power schenken. Damit, dass wir uns wieder damit beschäftigen, wo das Essen herkommt, was darin enthalten ist und dabei Tier, Natur und Umwelt immer im Blick haben. Dass wir die Regie in Sachen Essen wieder selbst übernehmen. Und damit uns selbst, unserem Körper und schlussendlich auch unserem Geist wieder die Beachtung schenken, die wir verdient haben. Gerade dann, wenn es stressig wird. Doch dafür heißt es Abschied nehmen von der geliebten Komfortzone und sich auf neues Terrain wagen. Denn Magie lässt sich bekanntlich nur außerhalb des gewohnten Rahmens finden.

Her mit echtem Essen

Clean Eating heißt „back to the roots", also wieder zurück zur ganz ursprünglichen Ernährung. Ganz weit weg von Farben und Geschmack aus dem Chemielabor und industriell verarbeiteter Nahrung. Das bedeutet, das Zepter in der Küche in die Hand zu nehmen und alles selbst herzustellen, von Küchen-Basics wie Brühe, Ketchup und Saucen bis hin zu Snacks wie Müsliriegeln. Das gilt auch für das Frühstücksmüsli, Hauptgerichte und Süßspeisen. Denn nur dann wissen wir, was wirklich in dem Essen steckt. Je stärker ein Lebensmittel verarbeitet ist, umso weniger Vitamine und Mineralstoffe stecken meist darin. Und je stärker ein Lebensmittel verarbeitet ist, umso fremder wird es uns. Clean Eating bedeutet für uns,

Bei aller Begeisterung: Mach cleanes Essen nicht zu deiner neuen Religion und Kalorienangaben nicht zu deinem Mantra. Denn manchmal ist ein Stück Schokolade oder ein leckeres Eis nun mal der einzige Retter in der Not, basta. Es ist super, wenn du mit vollem Einsatz dabei bist, aber wenn du den Großteil der Zeit clean isst, darf es in der restlichen Zeit auch mal eine Ausnahme sein. Wir können auch nicht nein sagen bei einem leckeren Brownie oder einer schönen Butterbreze. Was wäre denn das Leben ohne die kleinen Sünden? Eben.

Lebensmittel wertzuschätzen. Und wie kann man das besser, als sich selbst in die Küche zu stellen und Lebensmittel zuzubereiten? Es macht uns riesigen Spaß, dort herumzuexperimentieren. Egal, ob wir dabei unbekannte Gemüse- und Obstsorten entdecken, im Bio-Laden durch die Regale stöbern auf der Suche nach neuen spannenden Zutaten. Oder wir zusammen mit Freunden in der Küche einen lustigen Abend verbringen und dort gemeinsam etwas aus den Zutaten zaubern.

Frisches Obst und Gemüse sind die Stars unserer Küche und die Basis von Clean Eating. Wir kaufen sie in Bio-Qualität und außerdem möglichst saisonal und regional. Da es bei Fisch, Fleisch, Milchprodukten und Eiern große Unterschiede in Sachen Qualität und Tierhaltung gibt, sind auch hier ökologische und regionale Lebensmittel die bessere Wahl.

Für uns liegt der Fokus bei Clean Eating auf der vegetarischen Ernährung. Sie ist gesund und bietet einen ganzen Strauß an Zubereitungsmöglichkeiten. Bei Fisch und Fleisch halten wir uns an das Credo: Lieber sehr gut und dafür selten. Richtig clean ist für uns aber nur mageres weißes Fleisch, denn rotes Fleisch in rauen Mengen hat bekanntermaßen zu viele negative Auswirkungen auf den Körper und kann zu Bluthochdruck, Übergewicht oder Herz-Kreislauf-Problemen führen. Wenn du aber ab und zu mal Lust auf ein

Steak hast, ist das völlig okay. Wichtig ist: Auf die Herkunft achten, selbst zubereiten, wertschätzen und genießen! Wenn du auch mal vegane Rezepte probieren willst, findest du auch hierfür einige im Buch.

Prima Alternativen

Mittlerweile ist es keine Neuigkeit mehr: Landen Weißmehl und Zucker zu oft auf dem Teller, sind sie gesundheitsschädlich. Zum Glück gibt es tolle Alternativen: Bei Getreide greifen wir zu Vollkornprodukten oder zu alternativen Sorten wie Bulgur, Hirse, Amaranth und Quinoa. Bei Mehlen verwenden wir je nach Gericht Erzeugnisse aus Buchweizen, Kichererbsen oder Kastanien. Statt mit raffiniertem Zucker zu süßen, verwenden wir Agaven-, Birnen- oder Apfeldicksaft, Vollrohr- oder Kokosblütenzucker, Ahorn-, Kokosblüten- oder Dattelsirup oder Honig.

Echtes Essen bedeutet:

o Ran an den Herd und ausprobieren
o Mit viel frischem Obst und Gemüse kochen
o Biologisch, regional und saisonal einkaufen
o Vollkornprodukte und alternative Getreidesorten zubereiten
o Alternative Süßungsmittel verwenden

Woher kommt Clean Eating?

Mit der Bezeichnung Clean Eating hat man einer altbekannten Ernährungsform einen neuen Namen gegeben. Nämlich der guten alten Vollwertkost. Der Pionier der Vollwerternährung, Werner Kollath, hat sich bereits vor 100 Jahren damit beschäftigt. Von ihm stammt der Spruch: „Lasst unsere Lebensmittel so natürlich wie möglich". In die Küchen Einzug gehalten hat die Vollwertküche dann in den 1960er-Jahren, wurde aber vom Großteil der Leute als etwas „ökig" belächelt.

Neues Essen für das Land

Ein Glück, dass diese altbewährte Art zu essen jetzt wieder bei uns aufgetaucht ist – in neuer Form. Die Kanadierin Tosca Reno hat der etwas angestaubten Vollwertküche einen frischen Anstrich gegeben. Mit ihrer Verwandlung von der übergewichtigen Hausfrau zum durchtrainierten Fitness-Model haben ihre Bücher bereits Millionen von Menschen begeistert. Interessant ist jedenfalls, dass die neue Welle aus den USA kommt, dem Mekka des Junkfoods. Auch bei uns nimmt leider die Anzahl der übergewichtigen Menschen mehr und mehr zu. Viele greifen in der Hektik des Alltags lieber zu schnellem Fastfood, als daheim frisch zu kochen. Zucker und Weizen oder Weizenkleber werden von der Nahrungsmittelindustrie häufig eingesetzt, um Gerichte günstiger und vermeintlich schmackhafter zu machen – oder im Fall von Zucker, um ein Fehlen des Geschmacks zu übertünchen. Mit fatalen Auswirkungen: Die Bauchspeicheldrüse wird ständig belastet und Zucker lagert sich zusätzlich als Körperfett ein. Das erhöht auf Dauer die Blutzuckerwerte und kann langfristig zu Diabetes führen.

In Convenience-Produkten sind außerdem Botenstoffe enthalten, die das Belohnungssystem im Gehirn ansprechen, also dafür sorgen, dass das Gehirn beim Verzehr Glückshormone ausschüttet. Essen wird damit zur Sucht und das erklärt auch, warum es erst mal ziemlich schwer ist, aus diesem Teufelskreis auszubrechen. Die Gier nach Süßem, Fettigem, Ungesundem wird unterstützt durch die Konsistenz von Junkfood und seinen Artgenossen. So weich und fluffig, so cremig und zartschmelzend, so knackig und kross wie es ist, ist es schnell hinuntergeschlungen. Das sorgt dafür, dass das Sättigungsgefühl ausbleibt, weil erst mal gründlich gekaut werden muss, bis Mund und Magen ans Hirn melden: So, jetzt ist aber genug. Die Folge: Man muss mehr essen, als man eigentlich vom Kalorienbedarf her braucht und nimmt automatisch zu. Folgeschäden für Gelenke, Herz-Kreislauf-System und Selbstbewusstsein inklusive.

Auch Weizen ist seit einiger Zeit in die Kritik geraten. Zu viel davon kann ebenfalls den Blutzuckerspiegel belasten und so zu den gleichen Folgen führen wie zu viel Zucker. Außerdem stellen immer mehr Menschen fest, dass sie auf Weizen oder Weizenkleber empfindlich reagieren – beispielsweise mit einem Blähbauch oder Bauchkrämpfen. Im schlimmsten Fall sogar mit Zöliakie, einer Autoimmunerkrankung, bei der der Körper irrtümlicherweise gesundes Darmgewebe angreift. Das liegt zum einen am hohen Züchtungsgrad des Weizens, zum anderen auch daran, dass in vielen Fertiglebensmitteln Gluten, der Weizenkleber, eingesetzt wird, und wir so um ein Vielfaches mehr an Gluten zu uns nehmen als noch unsere Eltern und Großeltern.

Lass dich nicht von der Lebensmittelindustrie in die Irre führen. Die beste Waffe dagegen ist immer noch die Information. Hinter diesen Begriffen versteckt sich Zucker:

o Alles was mit -ose oder -sirup endet, zum Beispiel Glukose, Fruktose, Laktose, Dextrose, Invertzuckersirup oder Maltosesirup
o Maltodextrin
o Natürliche Fruchtsüße

Weizen oder Weizenkleber (Gluten) findet sich heutzutage in zahlreichen Produkten, auch dort, wo man es nicht vermutet, wie zum Beispiel in Fertiggerichten, Schokolade, Bier, Ketchup, Gewürzmischungen, Chips, Frischkäsezubereitung mit Kräutern, Wurst und Würstchen, Brühe, Dosen- und Tütensuppen. Wenn du selbst kochst, hast du allein es in der Hand, was in deinem Essen steckt.

Sich auf Verdacht glutenfrei ernähren? Keine gute Idee, denn eine Zöliakie muss medizinisch abgeklärt werden. Geh mit deiner Vermutung zu deinem Hausarzt. Wenn du dich nämlich selbst auf Weizendiät gesetzt hast, kann kein Test feststellen, ob du wirklich unter der Autoimmunerkrankung leidest.

Was bewirkt Clean Eating und wie wende ich es an?

Kommt dir das bekannt vor? Hautunreinheiten, obwohl man die Teenagerjahre schon längst hinter sich hat (früher dachten wir, dass sich das mit über 20 von alleine gibt – weit gefehlt). Statt sich morgens auf den Tag zu freuen, schlurft man müde aus dem Bett. Eine etwas zu vornehm blasse Haut. Und dazu noch das ein oder andere Kilo, das man sich durch zu viel Stress auf die Hüften gefuttert hat. Das alles kennen wir auch. Bevor wir Softdrinks durch selbst aromatisiertes Wasser und Fertiggerichte durch frisches Gemüse ausgetauscht haben, war auch bei uns einiges nicht im grünen Bereich. Wir hatten oft Kopf- und Bauchschmerzen, waren ständig am Limit, haben schlecht geschlafen. Unser Körper hat mit jedem neuen Zipperlein und jedem neuen Pickel ein SOS-Zeichen gesendet, das wir erstmal einfach ignoriert haben.

Unser Denkfehler bestand darin zu glauben, dass schnelles Essen mehr Zeit für andere Dinge bedeutet. Aber wie sahen diese Dinge aus? Noch mehr Zeit um zu arbeiten, die 1.000 Dinge zu erledigen, die anstehen und angeblich sofort erledigt werden müssen. Mit dem Smartphone fuchtelnd immer mitten im Geschehen und voll informiert zu sein. Und bei all dem langsam aber sicher das Gespür für den Körper zu verlieren und den Geist mit ständigen Informationen zu überfrachten. Ein Glück, dass wir damals aus dieser Schleife entkommen konnten. Und dabei die Lust an gutem Essen, das wirklich nährt, wieder entdeckt haben. Dass wir uns wieder mehr dafür interessiert haben, woher die Lebensmittel eigentlich stammen und wie wir sie zu richtig leckeren Gerichten zubereiten können. Und am Ende auch endlich wieder richtig Lust hatten, raus an die Luft zu gehen und etwas für den Körper zu tun – fernab von Muckibude, Zwang und Selbstoptimierung, um endlich so auszusehen, wie die Frauen aus der Werbung. Sondern aus echter Freude an Bewegung und aus Liebe zum Ich.

Clean Eating ist deshalb die Lösung für viele unserer Alltagsprobleme, weil es von Grund auf die heutige Lebensweise auf den Kopf stellt. Es führt uns wieder zu einem ursprünglichen Kreislauf des Lebens – von Anbau, Ernte und Einkaufen hin zu Kochen und Essen. Auf den folgenden Seiten möchten wir dir zeigen, was für uns dabei wichtig ist, deshalb bauen die Kapitel aufeinander auf. Das vielseitige Konzept Clean Eating hält alles dafür bereit, mit viel frischem Obst und Gemüse, leckeren Rezepten und viel, ganz viel Wasser happy und energiegeladen durch den Tag zu kommen und gleichzeitig auf nichts verzichten zu müssen. Die neue Power bringt dich so weit, dass du von alleine Lust auf mehr Bewegung bekommst. Und wenn nicht, dann sorgen unsere Übungen und Tipps ab Seite 50/51 ff. für Hummeln im Hintern. Viele Zipperlein, wie auch das ungeliebte Hüftgold, erledigen sich so schon oft von alleine.

Das Allerbeste daran ist aber, dass du dir dabei auch mehr Zeit für dich gönnst. Du lernst wieder mehr, auf diese kleine leise Stimme in dir zu hören. Die, die in der Alltagshektik immer nach etwas mehr Entspannung ruft. Nach etwas mehr Zeit für dich. Die genau weiß, dass gesunde Lebensmittel mehr Power bedeuten und Bewegung besser ist, als es sich mit dem altbekannten Schweinehund auf der Couch gemütlich zu machen.

Hurra, es wächst

So viel ist klar: das in eigenem Anbau gezogene Obst oder Gemüse ist etwas ganz Besonderes. Aber aus eigener Erfahrung können wir sagen: Neben der Entspannung, in der Erde zu buddeln und draußen an der frischen Luft zu sein, ist es auch verdammt viel Arbeit, etwas Essbares zu produzieren und am Ende aus der Erde ziehen zu können. Erst den Samen hüten wie seinen Augapfel – genug wässern, aber bloß nicht zu viel – ihn, wenn er genug gewachsen ist, umsetzen in einen großen Topf. Zitternd den letzten Frost abwarten, bevor es nach draußen geht. Wenn dann die heißen Tage kommen, darf man ja nicht das Gießen vergessen. Für den Urlaub braucht man eine Urlaubsvertretung, die gießt und umsorgt. Dann kämpft man gegen Schnecken und andere Fraßfeinde, um am Ende eine mickrige Karotte in den Händen zu halten, weil der Boden zu wenig nährstoffreich war. Aber dafür schmeckt die Karotte unglaublich gut. Die selbst angebaute Micker-Möhre wird voller Stolz präsentiert und man fragt sich wie es sein kann, dass bei all der Arbeit, die man da reinstecken muss, im Discounter das Kilo Karotten für unter einem Euro angeboten werden kann. Da muss doch was faul sein. Das ist es es auch – häufig zu erkennen an braunen Stellen, die solche Karotten vom ersten Tag an haben. Zwei Tage später endet dann die Hälfte im Müll – verschimmelt. Wer eine Pflanze aber schon als kleines Pflänzchen kannte, lässt sie nicht so schnell ein unbeachtetes Dasein im Kühlschrank fristen, um sie dann doch in die Mülltonne wandern zu lassen. Es ist eine Wucht, wie durch Gärtnern die Lebensmittel ihren Wert zurückerhalten. Das gilt auch für Wildkräuter, die du draußen in der freien Wildbahn – selbst, mit bloßen Händen – sammelst.

Einkaufen mit Köpfchen

Ständig sind sie in den Medien – die leidigen Lebensmittel-Skandale. Deshalb ist es wichtig, genau hinzuschauen und zwar in beide Richtungen: Woher die Lebensmittel stammen, aber auch, wie es zu solchen Skandalen kommen kann. Teilweise ist es nämlich so, dass bestimmte Inhaltsstoffe natürlicherweise in Pflanzen vorkommen. Einschlägige Testinstitute setzen die Grenzwerte ihrer Analysen allerdings unter die gesetzlich vorgeschriebene Norm, damit sie überhaupt unterschiedlich gute Bewertungen vergeben können. So werden sogenannte „Lebensmittel-Skandale" auch von den Medien inszeniert. Das sollte man im Hinterkopf haben und immer genau auf die Geschichte dahinter achten, statt nur die Headline zu lesen.

Fakt ist aber auch: Gemüse, Kräuter und Obst aus konventioneller Landwirtschaft sind oft mit Pestiziden belastet. Das Fatale dabei ist, dass manche Landwirte regelrechte Pestizidcocktails brauen, um den Schädlingen Herr zu werden. Für die einzelnen Pflanzenschutzmittel sind nämlich nur gewisse Grenzwerte erlaubt. Schädlinge gewöhnen sich leider sehr schnell daran und müssen daher immer härter bekämpft werden. Man kann sich vorstellen, dass bei diesen Giftmischungen die Konsequenzen für Mensch und Natur noch nicht absehbar sind.

Doch diese Giftrückstände finden sich nicht nur auf den Schalen von Obst und Gemüse. Der Regen wäscht das Gift aus dem Boden und trägt es ins Grundwasser. Auch im Fleisch von Schweinen, Kühen, Rindern und Hühnern, die mit gespritzten Futtermitteln ernährt wurden, finden sich teilweise Rückstände unerwünschter Stoffe. Da die Tiere aus konventioneller Landwirtschaft im Laufe ihres Lebens zusätzlich mehrmals mit Antibiotika behandelt werden, können diese Stoffe über das Essen in unseren Körper gelangen und sich dort einlagern.

Was kannst du tun?

Daher ist es am besten, zu Bio-Lebensmitteln zu greifen. Bio-Bauern setzen auf natürliche statt chemische Mittel und Maßnahmen, um die Pflanzen zu schützen. Die geeignete Sorten- und Standortwahl gehören genauso dazu wie Fruchtwechsel, Mikroorganismen oder natürliche Gegenspieler etwa von Fraßfeinden. Das wirkt sich selbstverständlich auch auf die Qualität der Lebensmittel aus und schützt gleichzeitig die Umwelt. Beim Einkauf solltest du genau hinschauen: Nur die Bezeichnungen „biologisch" bzw. „bio", „ökologisch" bzw. „öko" sind gesetzlich geschützt und bedeuten, dass das Lebensmittel zu 95 % nach den Richtlinien der EG-Öko-Verordnung erzeugt wurde. In dieser Verordnung ist aufgelistet, welche Zutaten, Zusatzstoffe und Hilfsstoffe Bio-Produkte enthalten dürfen. Es gibt zwar hin und wieder schwarze Schafe, aber im Großen und Ganzen kannst du dich auf die Bio-Siegel verlassen. Vorsicht geboten ist bei manchen Formulierungen, die zwar nach Bio klingen, es aber in Wahrheit gar nicht sind, wie zum Beispiel „kontrollierter Anbau" oder „traditionelle Herstellung".

Bio-Verbände wie Demeter, Bioland oder Naturland gehören unter den Herstellern von ökologischen Lebensmitteln zu den Spitzenreitern. Sie gehen mit ihrer biologischen

Landwirtschaft nämlich über die EG-Verordnung weit hinaus. Auf den Höfen wird beispielsweise noch strenger auf eine artgerechte Haltung geachtet.

Gutes Fleisch kaufen

Wir beide haben uns lange Zeit vegetarisch ernährt. Bei Sarah ist das auch weiterhin so, Eva isst ab und zu Fisch und weißes Fleisch. Besonders bei Fleisch ist es uns wichtig, auf eine gute Qualität zu achten, um ein Zeichen gegen Massentierhaltung zu setzen. Doch nicht nur die Haltungsbedingungen sind für uns ein wichtiges Argument, sondern auch die Nachhaltigkeit. Zum einen wegen der langen Wege vom Mastbetrieb über den Schlachthof ins Supermarktregal, zum anderen wegen der Transportwege und Anbaubedingungen der Futtermittel. Bei konventioneller Haltung von Tieren hat das Futter aus Kostengründen oft eine halbe Weltreise hinter sich. Zum Beispiel stammt es häufig aus Soja-Monokulturen aus Südamerika. Die Bio-Betriebe haben ihre CO_2-Bilanz besser im Blick. Diese wird umso positiver, je kürzer die Wege vom Futter zum Tier, vom Tier zum Schlachter und vom Metzger zum Kunden werden. Deshalb ist Regionalität ein weiterer wichtiger Aspekt beim Fleischkauf. Gerade deshalb wird Fleisch von Wochenmärkten oder regionalen Handwerksbetrieben immer beliebter.

Ein Vorzeigebetrieb dafür sind für Süddeutschland die Hermannsdorfer Landwerkstätten. Wer schon einmal im dazugehörigen Gut Sonnenhausen in Glonn bei München vorbeischauen konnte, der hat einen ziemlich beeindruckenden Einblick davon erhalten, wie ein tier- und umweltgerechter Betrieb aussehen kann.

Fleisch direkt vom Handwerksbetrieb zu kaufen, kann unter Umständen sogar besser sein, als Bio-Fleisch vom Discounter in den Einkaufskorb zu legen. Der Metzger vor Ort weiß nämlich oft genau, woher das Tier stammt und unter welchen Bedingungen es gezüchtet wurde. Auf Seite 221 findest du Internet-Seiten, auf denen du dich weiter informieren kannst.

Bei Fleisch gilt daher: Qualität statt Quantität. Das heißt, lieber selten und dafür gutes Fleisch genießen. Die deutsche Gesellschaft für Ernährung (DGE) empfiehlt, pro Woche nur 300-600 g Fleisch und Wurstwaren zu essen. Das entspricht maximal drei Portionen pro Woche. Dafür kannst du auch etwas tiefer, aber mit ruhigem Gewissen in die Tasche greifen.

Fisch aus nachhaltigem Fang

Auch bei Fischen und Meeresfrüchten sind die Schlagworte Regionalität und Frische angesagt. Es ist kein Geheimnis, dass die Meere überfischt sind und es für einige Arten kurz vor zwölf ist. Umso wichtiger ist, sich damit zu beschäftigen, woher der Fisch kommt. Heimische Arten sind auch hier die 1. Wahl. Wenn du das Glück hast, an der Nord- oder Ostsee zu wohnen, steht dir eine große Auswahl an Salzwasserfischen aus handwerklichen Betrieben zur Verfügung. Zum Glück muss man nicht unbedingt am Meer wohnen, um frischen Fisch auf den Teller zu bekommen. Auch anderenorts gibt es viele Seen und Flüsse, die eine große Auswahl an hochwertigen Süßwasserfischen bieten. Das sorgt für Abwechslung und schont gleichzeitig die Arten – eine Vielzahl noch nicht hergestellter Fischstäbchen dankt es dir, denn gerade der Alaska-Seelachs gilt als überfischt. Worauf genau musst du noch beim Fischkauf achten?

o Bei Fisch aus Wildfang: Gilt die Fischart als bedroht? Wo wurde der Fisch gefangen? (möglichst in der Nähe) Wie wurde der Fisch gefangen? (am besten von zertifizierten Unternehmen, die keine Schleppnetze einsetzen) Hat der Fisch gerade Saison? (Saisonkalender gibt's im Internet)

o Bei Fisch aus einer Aquakultur: Wurde beim Futter Gentechnik eingesetzt? Wurde für das Fischfutter extra gefischt oder wurden nur Reste eingesetzt? Wo wurde der Fisch gezüchtet? (auch möglichst in der Nähe) Wurde der Fisch artgerecht gehalten? (daher möglichst Bio)

Regionale Arten zu kaufen, ist auf jeden Fall die erste Wahl. Beim Einkauf im Laden helfen aber auch Gütesiegel weiter, die unter anderem garantieren, dass die Bestände nachhaltig befischt werden und die Meeresumwelt geschont wird. Unter den bekanntesten Fischsiegeln ist sicherlich MSC (Marine Stewardship Council). Dahinter verbirgt sich eine internationale, unabhängige Organisation, die die nachhaltige Fischerei von Wildfisch zertifiziert. FOTS (Friends of Sea) ist eine gemeinnützige Organisation, die vor allem Kleinbetriebe sowohl für Wild-, als auch für Zuchtfische zertifiziert. Während ein MSC-Zertifikat für kleine Handwerksbetriebe aber nicht erschwinglich ist, ist ein

FOTS-Siegel auch für sie finanziell tragbar. Wie schon beim Fleisch, geht auch beim Fisch der ökologische Naturland Verband über EG-Verordnungen hinaus und hat dadurch für uns die Nase vorne. Im Anhang auf Seite 221 findest du zum nachhaltigen Fischfang auch einige hilfreiche Internet-Seiten, auf denen du weitere Infos erhältst.

Lebensmittel vom Erzeuger

Auf Bauernmärkten findest du eine große Auswahl an verschiedensten Obst- und Gemüsesorten, Milchprodukten, Backwaren und Eiern. Der Vorteil ist: Frischer geht's nicht. Die Lebensmittel von Händlern, die Erzeugnisse aus eigenem Anbau verkaufen, reisen nämlich häufig nicht erst Hunderte von Kilometer an, sondern kommen aus der direkten Nachbarschaft. Das kannst du sehen und natürlich auch schmecken.

Das Tolle dabei ist, dass du hier auch mit einem weiteren wichtigen Punkt in Berührung kommst und zwar der Saisonalität. Auf Wochenmärkten wird vor allem das Obst und Gemüse feilgeboten, die die Natur gerade zu bieten hat. Und das führt zu einer Entdeckungsreise zu unbekannten Gemüse- und Obstsorten. Schon einmal Goldbällchen, Stielmus/Rübstiel oder Brunnenkresse probiert? Nein? Dann wird es aber Zeit!

Eine weitere Möglichkeit, saisonal und regional einzukaufen und damit Erzeuger vor Ort zu stärken sind Foodcoops oder die solidarische Landwirtschaft. Letzteres kürzt man gerne mit SOLAWI ab. Sarah ist seit einiger Zeit Mitglied und kann daher aus erster Hand berichten: Beide Organisationen sind Gegenmodelle zur industriellen Landwirtschaft, in denen sich mehrere Haushalte zusammenschließen, um direkt beim Erzeuger zu Festpreisen frische Lebensmittel zu bestellen. Durch die Abnahme von größeren Mengen und dem Wegfall von Zwischenhändlern sind die Lebensmittel der Foodcoops meist günstiger als im regulären Handel, was sich vor allem bei Bio-Lebensmitteln bemerkbar macht. Während aber bei Foodcoops auch beim Großmarkt oder verschiedenen Erzeugern bestellt wird, wird bei SOLAWI direkt bei einem Erzeuger eingekauft. Der große Vorteil dabei ist, dass der Landwirt hierdurch große Planungssicherheit hat, da für ein Jahr im Voraus die Bestellungen und Bezahlungen eingehen und er so über

Zusammen ist man weniger allein ist auch das Motto beim Urban Gardening. Hier schließen sich weltweit urbane Bewohner zusammen, um brachliegende Flächen oder leer stehende Dachterrassen zu bewirtschaften, wie zum Beispiel der Frankfurter Garten, die Prinzessinnengärten in Berlin, Frau Gerolds Garten in Zürich oder die essbare Stadt Andernach.

eine feste Kundenliste verfügt. Und wir als Kunden erleben wieder echte Landwirtschaft, freuen uns und leiden mit dem Bauern. Ist der Sommer gut, fällt die Ernte reich aus. War der Sommer schlecht, müssen wir mit weniger auskommen. Ein Gespür für Saisonalität von regionalen Lebensmitteln wird gratis mitgeliefert. Schließlich gibt es nur das, was gerade Saison hat. Das kann dann aber auch mal wochenlang Kohlrabi, Salat und Petersilie bedeuten. (Du willst selbst aktiv werden? Selbstverständlich kannst du auch jederzeit selbst eine Foodcoop gründen oder dich mit anderen zu einer SOLAWI zusammenschließen, siehe Adressen im Anhang Seite 221.)

10 alte Unbekannte

Früher gab es unzählige Obst- und Gemüsesorten. Diese alten Sorten gehören mit ihrer Nährstoff- und Vitalstoffdichte zu den heimlichen Superfoods. Doch zum Glück gibt es immer mehr Initiativen und Gärtner, die unsere heimische Vielfalt erhalten möchten. Auch wir können etwas tun: Es gibt beispielsweise private Tauschbörsen oder Online-Saatguthändler, bei denen du dir das Saatgut besorgen kannst. Aber auch Märkte sind oft eine tolle Inspirationsquelle. Wir haben schon mit einigen Bauern interessante Gespräche geführt, Tipps zum Kochen erhalten und so auch neue Sorten entdeckt. Ein paar davon möchten wir dir vorstellen:

GRAVENSTEINER ÄPFEL: Diese Sorte hat vielleicht sogar schon deine Urururururgroßmutter gegessen. Bekannt ist sie nämlich schon seit 1669. Ganz genau weiß jedoch noch niemand, aus welchem Teil Europas sie stammt. Solche Fragen vergisst man aber schnell, wenn man in den Apfel beißt, denn er schmeckt einfach unglaublich aromatisch.

PETERSBIRNE: Den Petersbirnen-Baum hat man in der Mitte des 18. Jahrhunderts fast in jedem Garten gesehen, jetzt kennt man seine Früchte leider kaum mehr. Eine Petersbirne schmeckt so süß, dass man sie auch Zucker- oder Honigbirne nennt.

MIEZE SCHINDLER: Im Vergleich dazu ist die Mieze Schindler ein ziemlich junges Früchtchen. Diese Erdbeersorte ist nämlich „erst" 100 Jahre alt. Sie ist kleiner als andere Sorten und ähnelt im Aussehen einer Brombeere oder Himbeere. Weil sie besonders süß und zart ist, bezeichnet man sie als Praline unter den Früchten.

BUTTERRÜBE: Auch diese Sorte war schon vor sehr, sehr langer Zeit bekannt. Butterrüben waren nämlich im Mittelalter das, was später die Kartoffeln wurden. Geschmacklich ähneln sie Steckrüben, sind jedoch etwas milder. Eine prima Abwechslung zu normalem Kartoffelpüree, sie schmecken aber auch gedünstet sehr lecker.

BAMBERGER HÖRNCHEN: Das ist kein fränkisches Gebäckstück, sondern eine lokale Kartoffelsorte, die schon Einzug in die Gourmetküche gehalten hat. Sie hat fingerförmige Knollen, was den Anbau und die Ernte zu einer etwas schwierigen Angelegenheit macht. Aber von nichts kommt ja bekanntlich nichts!

ERDBEERSPINAT: Das Gleiche gilt auch für den Erdbeerspinat, der von den heutigen Spinatsorten abgehängt wurde, weil diese sich einfacher ernten lassen. Ursprünglich kommt der Erdbeerspinat aus Südeuropa. Die Blätter werden genauso wie Spinat verwendet. Die hellroten Früchte kann man zum Naschen und zur Dekoration verwenden, sie schmecken nur sehr entfernt nach Erdbeeren. Die jungen Blätter werden wie Spinat zubereitet oder auch roh als Salat gegessen.

WEISSE, GELBE UND LILA KAROTTEN: Ein bisschen mehr Tschakalaka im Salat gewünscht? Das geht schnell mit weißen, gelben oder violetten Karotten. Sie sind im Geschmack herber und kräftiger als die heute weitverbreiteten orangefarbenen Karotten.

TELTOWER RÜBCHEN: Diese Rübchen hat man schon zu Goethes Zeiten gerne verspeist. Heutzutage kommen die echten Teltower Rübchen aus der Mark Brandenburg. Die zarten Wurzeln haben ein würzig-süßliches Aroma mit einer Schärfe, die an Rettich erinnert. Je kleiner, desto besser der Geschmack. Da das Fleisch leicht mehlig ist, kann man sie so ähnlich wie Kartoffeln in der Küche einsetzen.

TOPINAMBUR: Eigentlich stammt die „Erdbirne" aus Nordamerika, wurde dann aber später bei uns von der Kartoffel in der Beliebtheit abgehängt. Topinambur hat rote, weiße, gelbe oder violettfarbene Knollen, die sehr unterschiedlich geformt sind und faustgroß werden können. Sie sind ein echtes Wintergemüse, sind jedoch nicht besonders lange haltbar. Sie haben ein süßlich-nussartiges Aroma, das besonders gut roh in Salaten zur Geltung kommt, denn beim Kochen verlieren sie schnell das Aroma. Sie müssen nicht geschält werden, in der Schale sitzen nämlich viele Nährstoffe.

RÜBSTIEL/STIELMUS: Rübstiel ist glücklicherweise wieder im Kommen. Es ist ein Blattgemüse, das im Frühling wächst und einen fein-säuerlichen, bitteren Geschmack besitzt. Dieser erinnert etwas an Löwenzahn. Verwendet werden kann Rübstiel im Salat oder in Smoothies, er kann aber auch gekocht werden.

SCHWARZKOHL: Der Schwarzkohl kommt eigentlich aus der Toskana. Er sieht so ähnlich aus wie Grünkohl, ist aber eher bläulich und hat dickere Blätter. Verwendet werden kann er wie Grünkohl und macht sich gut in Suppen, Eintöpfen, im Risotto als Schmorgemüse oder im Smoothie.

Reduce, reuse, recycle

In Plastik verpackten Brokkoli kennt man zum Glück weder auf dem Wochenmarkt, noch bekommt man ihn so bei der wöchentlichen Lieferung seines SOLAWI-Erzeugers. Ein Grund mehr, seine Einkäufe auf diese Weise zu organisieren. Denn in diesen Verpackungen finden sich Umweltgifte, aus denen sich chemische Substanzen lösen und dann über den Verzehr der Lebensmittel in die Organe übergehen können. Aber auch über Kosmetika und Convenience-Produkte kann der Körper solche gesundheitsschädlichen Stoffe aufnehmen. Kaum zu glauben, aber leider allzu wahr: Es gibt mindestens 800 chemische Stoffe aus dem täglichen Leben, die in den Hormonhaushalt eingreifen und zu Stoffwechselstörungen führen können. Für viele dieser krank machenden Substanzen gibt es keine passenden Nachweismethoden. Niedrige Dosen werden sogar als unbedenklich zugelassen, obwohl nicht klar ist, ob die Wirkung dieser Stoffe über einen längeren Anwendungszeitraum gesundheitsgefährdend ist. Alarmierend ist auf jeden Fall, dass laut einigen Wissenschaftlern diese Gifte mitverantwortlich für den Anstieg von Stoffwechsel- und Schilddrüsenerkrankungen sein könnten.

Wenn es beispielsweise in deinem Haushalt Gegenstände aus Plastik gibt, die kaputt sind und die du neu kaufen musst, schau doch, ob du sie nicht besser durch Gegenstände aus natürlichen Materialien ersetzt. Einfache Beispiele sind Rührschüsseln aus Edelstahl oder Schneidebretter aus Holz. Damit tust du nicht nur deiner Gesundheit etwas Gutes, sondern auch der Umwelt, die unter dem Plastikberg zu ersticken droht. Und wenn es doch Plastik sein soll, dann schau, ob du es gebraucht kaufen kannst. Bevor es ein anderer in den Müll entsorgt und du das gleiche in neu kaufst, nimm lieber das bereits benutzte.

Plastikverpackungen daher am besten so gut es geht vermeiden. Der gute alte Einkaufskorb freut sich, wenn er wieder eingesetzt wird. Eine Stofftasche in der Handtasche ist immer griffbereit. Zum Glück sind Jutebeutel wieder hip. Aus alten Klamotten, Möbeln, Geschirr und sogar Glühbirnen lassen sich mit etwas Kreativität sogar nützliche neue Dinge herstellen. Auf der Internetseite Pinterest findest du tolle Inspirationen dafür. Dass alle Abfallprodukte ordnungsgemäß getrennt und recycelt werden, ist natürlich Ehrensache.

Achtsam in der Küche

Der achtsame Umgang mit Lebensmitteln wird auch in der Küche groß geschrieben. Wenn genau geplant wird, was wann in den Kochtopf kommt, heißt es auch nie wehmütig Abschied nehmen. Gemüsereste können zum Beispiel super als Grundlage für selbst gemachte Gemüsebrühe oder als Fond eingesetzt werden (Rezepte Seite 68/69). Kaffeesatz ist ein prima Pflanzendünger (siehe Tipp Seite 212).

Aber auch beim Kochen selbst sollten die Lebensmittel die Hauptrolle spielen. Das heißt ganz konkret: Schluss mit dem Multitasking. Beim Kochen nicht parallel Radio hören und mit dem Telefon zwischen Ohr und Schulter zwischendurch auch noch Wäsche zusammenlegen, während das Essen auf dem Herd langsam, aber sicher anbrennt. Diese Erfahrung haben wir einige Male leidvoll gemacht. Auch einige Messerschnitte und verbrannte Finger waren schon dabei. Unsere Lernerfahrung lautet: Es ist zwar kurzfristig verlockend, eine Million Sachen gleichzeitig zu tun, aber es bedeutet letztendlich Stress pur. Vor allem, wenn du dann das Essen vor dem Fernseher in dich hinein schaufelst und hinterher gar nicht so richtig weißt, wie es geschmeckt hat. Richtig satt wirst du dabei leider auch nicht, denn das Sättigungsgefühl stellt sich bekanntermaßen nur beim bewussten Kauen ein. Die Küche als persönlichen Ort zum Relaxen sehen kann nur jemand, der sich ganz auf das Kochen fokussiert.

Wie geht achtsam kochen?

Wenn die Rezeptwahl klar ist und die Zutaten dafür eingekauft sind, lege dir alle nötigen Lebensmittel zurecht. Schau sie dir genau an. Wie unterschiedlich die Formen, Farben und Größen sind! Schließ kurz die Augen und betaste das Gemüse und Obst vorsichtig. Wie weich fühlt sich ein Bergpfirsich an, wie knubbelig eine Erdbeere und wie rau eine Sellerieknolle?

Du fühlst dich gerade nicht so wohl in deiner Haut und möchtest deinen Körper ganz bewusst entlasten? Da können 3 Tage Detox Wunder wirken.

Auf Seite 30 findest du eine Detox-Kur mit Rezeptvorschlägen.

Während du das frische Obst und Gemüse schnippelst, riech auch einmal daran und probier ein Stückchen. Denn je öfter du das machst, desto öfter stellst du fest, dass Karotte nicht gleich Karotte und Mango nicht gleich Mango ist. Das schärft nicht nur die Sinne, sondern führt auch dazu, dass du die Lebensmittel genau kennst, bevor sie in deinen Bauch wandern.

Nimm dir auch für das Essen genug Zeit. Deck dir den Tisch schön, auch wenn du alleine bist. Sorge für Ruhe. Und dann: Nimm Geruch, Konsistenz, Geschmack und Farbe bewusst wahr. Leg dir einen kleinen Bissen auf die Zunge und spüre, wie der Speichelfluss einsetzt und der Hunger jetzt erst so richtig loslegt. Wie groß sich dieser Bissen anfühlt. Dann kau alles bewusst und spüre nach, bis zu welchem Moment du das Essen noch in deinem Mund spürst. Herrlich. Essen ist Genuss für alle Sinne! Und noch nie war Essen nährender als auf diese Art und Weise genossen.

Hier noch einmal alle Schritte in Kurzform:

o Sehen: Nimm die verschiedenen Größen, Formen und Farben bewusst wahr.
o Fühlen: Spüre mit den Fingerspitzen, wie sich die Konsistenzen und Temperaturen anfühlen.
o Hören: Halte ein Stückchen Obst oder Gemüse an dein Ohr und reibe es vorsichtig zwischen den Fingern. Klingt zwar erst mal etwas komisch, aber es gibt tatsächlich ein Geräusch!
o Riechen: Schnuppere daran. Vielleicht kommen ja sogar ein paar Erinnerungen hoch?
o Schmecken: Nimm einen kleinen Bissen, kaue einmal und spüre, wie sich der Geschmack entfaltet.

So sieht dein Teller aus

Keine Angst, du musst nicht jede Mahlzeit so zelebrieren. Doch gerade abends hilft es, nach dem oft stressigen Tag herunterzukommen. Generell gilt: Es liegt an dir, ob du dich mit **drei großen** oder mit **fünf kleinen Mahlzeiten** am Tag wohler fühlst. Tendenziell werden bei Clean Eating eher mehrere kleine Gerichte empfohlen, die du über den Tag verteilt zu dir nimmst. So kommt erst gar kein Hungergefühl auf und obwohl man das Gefühl hat, ständig zu essen, nimmt man in der Summe weniger Nahrung zu sich. Wenn du aber sagst, dass es dir mit drei Mahlzeiten besser geht und dich fünf eher aus dem Tritt bringen, dann ist das natürlich auch völlig okay.

Einen Teller à la Clean Eating muss man sich dreigeteilt vorstellen – natürlich nur gedanklich, denn meistens kommt ja alles gemischt auf den Teller. Ein Teil besteht aus komplexen Kohlenhydraten, der zweite Teil aus Proteinen und der letzte Teil aus guten Fetten.

Beispiele für einfache Kohlenhydrate sind Haushaltszucker und Weißmehle. Diese haben wir weitestgehend vom Teller gebannt. **Komplexe Kohlenhydrate** besitzen die meisten Obst- und Gemüsesorten, Vollkornreis und -nudeln, Buchweizen, Amaranth, Bulgur, Linsen, Kartoffeln, Quinoa, Süßkartoffeln usw. Sie versorgen uns mit Energie und machen uns leistungsfähig. Komplexe Kohlenhydrate haben einen niedrigen glykämischen Index, sie lassen den Blutzuckerspiegel nicht so stark ansteigen und machen länger satt.

Proteine sind die Grundbausteine in unserem Körper und für alle Vorgänge im Körper notwendig. Doch nicht nur die klassischen Milchprodukte und Eier bestehen aus Proteinen, sondern auch Getreidesorten und Hülsenfrüchte wie Quinoa, Kichererbsen oder Bohnen. Auch Ölsaaten, Fleisch und Fisch, Tofu sowie Lupinen sind wichtige Lieferanten für Proteine.

Zum Schluss noch die **guten Fette**. Damit sind Öle mit vielen mehrfach ungesättigten Fettsäuren gemeint, aber auch die Fette aus Fischen, Avocados, Nüssen und Samen. Viele Vitamine können nur zusammen mit Fetten aufgenommen werden. Gute Fette wirken sich positiv auf den Cholesterinspiegel, die Blutfettwerte und den Blutdruck aus. Besonders die Omega-3-Fettsäuren schützen das Herz und das Gehirn.

Damit alle Lebensmittel im Lot sind und dein Körper optimal versorgt wird, sollte ein großer Teil auf dem Teller aus komplexen Kohlenhydraten bestehen, ein geringerer Teil aus Proteinen und ein kleiner Teil aus guten Fetten.

Außerdem superwichtig: Achte darauf, über den Tag **viel zu trinken**. 1,5–2 Liter täglich sollten es schon sein. Oft vergessen wir das Trinken nämlich. Kopfschmerzen und Müdigkeit sind meistens die Folge. Am allerbesten ist immer noch Wasser, das du nach Belieben selbst aromatisieren kannst (siehe Rezepte Seite 92/93). Für den Durst unterwegs kannst du dir eine Aluminiumflasche besorgen und dort dein Wasser einfüllen. Das spart Plastikmüll und zusätzlich auch noch Geld, weil du unterwegs keine Getränke kaufen musst.

Ein Letztes noch: In diesem Buch findest du keine Kalorienangaben. Aus dem einfachen Grund, weil wir gegen Kalorienzählen sind und dich nicht zusätzlich unter Druck setzen möchten. Denn den hat man und macht man sich heutzutage eh schon genug. Uns geht es vor allem um eine gesunde, ausgewogene Ernährung. Kombiniert mit viel Bewegung schmilzt das Hüftgold von alleine. Also: Schmeiß die Waage aus der Wohnung und hab Spaß beim Kochen, Essen und am Sport. Du bist genauso richtig, wie du bist!

CLEAN EATING

STARTERPAKET

10 Gründe,
die für _Clean Eating_
sprechen

Schwing den Kochlöffel und setze auf möglichst unverarbeitete Lebensmittel ohne Zusatzstoffe. Mehr Geschmack geht nicht.

Saisonales Obst und Gemüse sind ab sofort die neuen Stars in deiner Küche - am besten kaufst du es aus der Region.

1

Echtes Essen

2

Mit den Jahreszeiten leben

Halte gezielt Ausschau nach alten oder dir unbekannten Obst- und Gemüsesorten. Das sorgt für Abwechslung auf dem Teller.

Selbst gekochtes Essen sorgt für Glücksgefühle im Bauch – und ein bisschen Stolzsein auf deine Leistung fühlt sich auch toll an.

Vollkorngetreide, alternative Sorten wie Quinoa und viel Gemüse schmecken lecker und machen dich richtig lange satt.

Regionales und saisonales Obst und Gemüse sowie Fleisch und Fisch in Bio-Qualität schonen Natur und Tiere.

7

Küchenspaß

8

Hummeln im Hintern

Nimm dir Zeit fürs Kochen und Essen. Mit ein paar Freunden wird deine Küche ganz schnell zur lustigen Schnippeldisko.

Keine Vermisstenanzeige für das Hüftgold! Gesundes Essen in Kombination mit Joggen, Yoga und Co. jagen den Speck in die Flucht.

Echtes Essen sorgt für neue Power - und schon hast du von alleine Lust auf Bewegung draußen in der Natur.

Happy, gesund und voller Energie - mit den richtigen Lebensmitteln und viel Bewegung erhältst du ein ganz neues Lebensgefühl!

9

Weniger Speck auf der Hüfte

10

Neues Lebensgefühl

Die Big 5 für einen guten Start

Dir leuchten unsere 10 Gründe für Clean Eating absolut ein? Und du willst lieber jetzt als gleich loslegen? Dann hast du mit den folgenden 5 Grundsätzen alles für den perfekten Einstieg parat.

BASIC-REGEL: „Iss nichts, was deine Oma nicht als Lebensmittel erkennen würde." So lautet ein ziemlich kluger Spruch. Wenn die Zutatenliste auf der Verpackung dich an Chemiestunden erinnert, dann lass lieber die Finger davon. Konzentriere dich stattdessen entweder auf einzelne Lebensmittel wie frisches Obst und Gemüse, das du selbst zubereitest, oder aber auf Produkte, die möglichst wenige Zutaten enthalten.

NO-GOS: Mach ab sofort einen großen Bogen um raffinierten weißen Zucker, Weißmehl und einen kleinen Bogen um gesättigte Fettsäuren. Sie sind ein No-Go für die Gesundheit und sorgen für Blutdruckschwankungen, Diabetes, Übergewicht sowie für Müdigkeit und Heißhungerattacken. Für diese Produkte gibt es tolle Alternativen (siehe ab Seite 37).

NEUE STARS: Das sind auf dem Esstisch ab sofort frisches Obst und Gemüse. Halte gezielt Ausschau nach Obst- und Gemüsesorten, die du noch nicht kennst und teste sie. Du kannst dir leicht frische Kräuter auf der Fensterbank oder Tomaten und Erdbeeren auf dem Balkon ziehen. Wenn du einen Garten hast, sind deiner Kreativität keine Grenzen gesetzt!

ACHTSAMKEIT: Wie wunderbar ist es, selbst angebautes Gemüse und Obst zu ernten. So hat man einen viel engeren Bezug dazu, wenn man die Pflänzchen schon von Anbeginn kennt. Die Lebensmittel bewusst ansehen und ihre Form, Farbe und den Geruch wahrnehmen. Ein Stückchen abschneiden und roh probieren. Und sich dann auch fürs Kochen und Essen richtig viel Zeit lassen. Entspannung pur!

SELBSTAKZEPTANZ: Genug Selbstkritik geübt und Vergleiche angestellt. „Sei du selbst, denn alle anderen sind schon vergeben", lautet ein weiser Satz. Bei Clean Eating geht es darum, dem eigenen Körper und Geist etwas Gutes zu tun und Schluss mit dem Optimierungswahn zu machen. Du bist du und das ist gut so!

Vier Pläne für alle Fälle

Ein Plan für jede Gelegenheit, wer wünscht sich das nicht? Zumindest essenstechnisch können wir dich da etwas unterstützen. Die vier Pläne haben wir jeweils mit drei Mahlzeiten entwickelt. Wenn du eher ein 5-mal-Esser als ein 3-mal-Esser bist, eignen sich als kleine Snacks gut die saisonalen Chips oder Powerkugeln und auch die Müsliriegel, die du optimal in größeren Mengen zubereiten und deshalb immer griffbereit in der Vorratsbox haben kannst. Geht immer und ist ganz einfach: Naturjoghurt mit saisonalem Obst und ein paar Nüssen. Die Süßspeisen ab Seite 190 kannst du 1–2-mal die Woche mit gutem Gewissen genießen.

Mit dem **Einsteiger 7-Tage-Plan** hast du alle Mahlzeiten für einen guten Start in das cleane Leben parat, ohne dich gleich schon an die komplizierteren Zubereitungsmethoden heranwagen zu müssen.

Der **Detox 3-Tage-Plan** ist super, wenn du zwischendurch Körper und Geist auf Vordermann bringen möchtest. Egal ob einfach so, nach einem durchgefeierten Wochenende oder vor dem Klassentreffen. Nach den drei Tagen voller Vitamine, Mineralien und Nährstoffen geht's dir einfach großartig!

Die nächste Woche wird megaanstrengend und du weißt nicht, wie du dich trotzdem gut und lecker ernähren sollst? Gerade in stressigen Zeiten ist gesundes Essen wichtig. Im **Speed 5-Tage-Plan** findest du Rezepte unter 30 Minuten. Und mach dich locker: Falls du nicht schon Brötchen oder Brot gebacken zu Hause hast, kannst du dir bei der Bäckerei ums Eck mit den Vollkornvarianten aushelfen.

Wieso nicht mal eine grüne Woche einlegen? Der **Vegan 5-Tage-Plan** zeigt dir, wie köstlich veganes Essen sein kann und dass es überhaupt nichts mit Verzicht zu tun haben muss.

Einsteiger 7-Tage-Plan

Montag

FRÜHSTÜCK — Brombeer-Crumble, S. 196
MITTAGESSEN — Saisonale Suppe, ab S. 140
ABENDESSEN — Tomatenquiche, S. 185

Dienstag

FRÜHSTÜCK — Saisonales Granola, ab S. 106
MITTAGESSEN — Salat aus rotem Quinoa, S. 134
ABENDESSEN — Mango-Dhal, S. 152

Mittwoch

FRÜHSTÜCK   Saisonaler Smoothie, S. 94
MITTAGESSEN   Topinambur-Salat, S. 137
ABENDESSEN   Lauwarmer Quinoa-Salat, S. 128

Donnerstag

FRÜHSTÜCK   Mini-Gugelhupf, S. 215
MITTAGESSEN   Sommer-Salat-Röllchen, S. 138
ABENDESSEN   Saisonale Gemüsepfanne, ab S. 167

Freitag

FRÜHSTÜCK   Saisonales Omelette, ab S. 116
MITTAGESSEN   Saisonaler Salat, S. 131
ABENDESSEN   Hähnchenschenkel mit Lavendel, S. 173

Samstag

FRÜHSTÜCK   Bircher-Freestyle, S. 108
MITTAGESSEN   Pastinakenpüree, S. 151
ABENDESSEN   Blumenkohlcurry, S. 174

Sonntag

FRÜHSTÜCK   Buttermilch-Pfirsich-Auflauf, S. 111
MITTAGESSEN   Saisonaler Flammkuchen, ab S. 179
ABENDESSEN   Zucchini-Nudeln, S. 163

Detox 3-Tage-Plan

Tag 1

FRÜHSTÜCK	Detox-Smoothie, S. 97
MITTAGESSEN	Lauwarmer Quinoa-Salat, S. 128
ABENDESSEN	Saisonale Suppe, ab S. 140

Tag 2

FRÜHSTÜCK	Saisonaler Smoothie, S. 94
MITTAGESSEN	Asia Bowl, S. 182
ABENDESSEN	Topinambursalat, S. 137

Tag 3

FRÜHSTÜCK	Saisonales Granola, S. 106
MITTAGESSEN	Saisonaler Salat, S. 131
ABENDESSEN	Mango-Dhal, S. 152

Speed 5-Tage-Plan

Montag

(auf Dinkel-Buchwei-zen-Brötchen)

FRÜHSTÜCK   Saisonale Marmelade, ab S. 80
MITTAGESSEN   Ricottagnocchi, S. 186
ABENDESSEN   Pastinakenpüree, S. 151

Dienstag

FRÜHSTÜCK   Saisonales Granola, S. 106
MITTAGESSEN   Saisonaler Salat, S. 131
ABENDESSEN   Zander, S. 160

Mittwoch

FRÜHSTÜCK   Grüner Smoothie, S. 98
MITTAGESSEN   Saisonales Sandwich, ab S. 146
ABENDESSEN   Topinambursalat, S. 137

Donnerstag

(auf Natursauerteig-brot)

FRÜHSTÜCK   Saisonales Omlette, ab S. 116
MITTAGESSEN   Saisonaler Aufstrich, S. 85
ABENDESSEN   Zucchini-Nudeln, S. 163

Freitag

(mit Vollkornnudeln)

FRÜHSTÜCK   Saisonaler Smoothie, S. 94
MITTAGESSEN   Selbst gemachtes Pesto, S. 78
ABENDESSEN   Tofu-„Rührei", S. 115

Vegan 5-Tage-Plan

Montag

FRÜHSTÜCK Grüner Smoothie, S. 98
MITTAGESSEN Lauwarmer Quinoa-Salat, S. 128
ABENDESSEN Zucchininudeln, S. 163

Dienstag

 (vegane Variante)  (vegane Variante)

FRÜHSTÜCK Bircher-Freestyle, S. 108
MITTAGESSEN Topinambursalat, S. 137
ABENDESSEN Pastinakenpüree, S. 151

Mittwoch

 (vegane Variante)

FRÜHSTÜCK Saisonaler Smoothie, S. 94
MITTAGESSEN Sauerkraut mit Kartoffelstampf, S. 159
ABENDESSEN Blumenkohlcurry, S. 174

Donnerstag

FRÜHSTÜCK Chia-Pudding, S. 190
MITTAGESSEN Salat aus rotem Quinoa, S. 134
ABENDESSEN Sommer-Salat-Röllchen, S. 138

Freitag

FRÜHSTÜCK Tofu-„Rührei", S. 115
MITTAGESSEN Mango-Dhal, S. 152
ABENDESSEN Asia Bowl, S. 182

CLEAN EATING

KÜCHEN-BASICS

Lebensmittel für deinen Vorratsschrank

Bis wir uns durch die verschiedenen alternativen Mehl- und Zuckersorten getestet haben, hat es ein Weilchen gedauert. Es war aber eine spannende Zeit (vor allem für Familie und Freunde), die Ergebnisse zu versuchen!

Hier findest du alle Basis-Lebensmittel für die cleane Küche sowie ihre Einsatzgebiete und Merkmale. Aus diesen Zutaten lassen sich tolle Gerichte zaubern. Hin und wieder brauchst du zwar noch ein paar andere Dinge, aber mit dieser Liste bist du für den Start optimal ausgestattet.

Getreide

Bei **Reis** und **Nudeln** solltest du auf jeden Fall die Vollkornvariante zu Hause haben. Sie sind naturbelassener und haben dadurch einen höheren Gehalt an Nähr- und Vitalstoffen. Pseudogetreide wie **Buchweizen**, **Amaranth**, **Quinoa** und **Hirse** sind eine tolle Alternative zu Produkten aus Weißmehl und sorgen für Abwechslung auf dem Teller. In unserem Rezeptteil kommen sie oft zum Einsatz. Zusätzlich ist es gut, wenn du **Dinkelgrieß**, **Bulgur** und **Couscous** vorrätig hast. Sie sind ebenfalls nicht stark industriell verarbeitet und dadurch nährstoffreich.

Mehlsorten

Vollkornmehl heißt, dass die Körner (Samen) von Getreidepflanzen wie Weizen, Roggen, Hafer und Gerste mit Haut und Haar (mit Keim und Schale) vermahlen wurden. Dadurch enthalten sie eine Reihe wichtiger Nährstoffe, die bei der Veredelung des Korns verloren gehen. **Weizenvollkornmehl** etwa enthält 24-mal so viel Magnesium und 25-mal so viel Niacin wie das typische und überall eingesetzte Weizenmehl Type 405 (Weißmehl). Für diejenigen, die Weizen nicht so gut vertragen, ist **Dinkelvollkornmehl** eine Alternative. Leider sind die meisten im Handel angebotenen Dinkelvarianten mit Weizen gekreuzt und kein Ur-Dinkel mehr. Dennoch ist diese Variante häufig besser verträglich. **Roggenvollkornmehl** ist unverzichtbar für gute Sauerteigbrote (Rezept siehe Seite 88/89). Im Buch haben wir auch mal Weizenmehl Type 1050 benutzt. Das hat immer noch einen hohen Nährstoffge-

halt, ist aber etwas feiner ausgemahlen als Vollkornmehl, was für manches Gebäck unverzichtbar ist. Doch auch **Buchweizenmehl** eignet sich zum Backen. Es ist von Natur aus glutenfrei, hat einen leicht herben, nussigen Geschmack und muss eventuell mit Vollkornmehl kombiniert werden. **Kastanienmehl** haben wir für dieses Buch neu entdeckt und sind Fans geworden. Es wird aus der Esskastanie (Marone) hergestellt, ist glutenfrei, gibt eine schöne dunkle Farbe und einen herben, leicht bitteren Geschmack. Auch Kastanienmehl muss eventuell mit einem anderen Mehl kombiniert werden.

Gewürze & Kräuter

Für den nötigen Pep in jedem Gericht sorgen Gewürze und frische Kräuter. Sie geben nicht nur jeder Speise ihr individuelles Aroma, sondern haben oft auch bestimmte Heilwirkungen (siehe Seite 44 ff.). Auch bei Kräutern und Gewürzen solltest du auf Bio-Qualität setzen. So erhältst du schadstofffreie Topware, die im Einklang mit Mensch und Natur produziert wurde. Kräuter solltest du immer frisch ernten bzw. einkaufen. Sie halten sich im Kühlschrank in ein feuchtes Tuch gewickelt nämlich maximal 3 Tage. Gewürze solltest du dunkel und luftdicht verschlossen lagern. Aber auch die freie Natur hat viele tolle Alternativen zu bieten (siehe Seite 46 ff.)!

Basisgewürze

o Chili
o Kreuzkümmel (Cumin), ganz
o Fenchelsamen
o Ingwer, als Wurzel oder gemahlen
o Kardamom, ganz
o Koriandersamen
o Kümmelsamen
o Kurkuma, gemahlen
o Muskatnuss
o Oregano, gerebelt
o Paprikapulver, edelsüß
o Pfeffer, weiß und schwarz
o Vanille, gemahlen
o Zimt, gemahlen

Basis-Kräuter

- Basilikum
- Koriander
- Minze
- Petersilie
- Rosmarin
- Salbei
- Schnittlauch
- Thymian

Frischware

Saisonales Obst und Gemüse, Limetten oder Zitronen, Zwiebeln und Knoblauch solltest du immer im Haus haben. „Vier gewinnt" heißt es bei den saisonalen Rezeptseiten. Hier findest du ein Standardrezept, das immer mit Gemüse oder Obst aus der jeweiligen Saison zubereitet wird. Mit unseren Müslis, Sandwiches, Gemüsepfannen und Tartelettes startest du so eine Entdeckungsreise durch die Jahreszeiten.

Hülsenfrüchte

Hülsenfrüchte wie Rote Linsen, Puy-Linsen, Belugalinsen und Kichererbsen sind reich an Ballaststoffen und Eiweiß. Sie senken den Blutzuckerspiegel und das Risiko für Gefäßerkrankungen und Entzündungen. Aus ihnen lassen sich tolle Salate und Eintöpfe machen. Kichererbsenmehl ist glutenfrei. Du kannst es unter anderem für Pfannkuchen, Falafel und leckere Aufstriche verwenden.

Kerne, Nüsse und Samen

Leg dir einen großen Vorrat an Nüssen und Kernen wie Pinienkerne, Haselnüsse, Cashewkerne, Mandeln, Kürbiskerne, Walnüsse, Pekannüsse und Sonnenblumenkerne zu. Sie sorgen für den nötigen Crunch in den Gerichten und sind wegen ihrer ungesättigten Fettsäuren supergesund. Auch Sesamsamen und die Superfoods Chia-Samen, Hanfsamen, Leinsamen und Kakaonibs (siehe Seite 43) freuen sich über regelmäßigen Einsatz.

Essige & Öle

Hochwertige Essige sorgen für die nötige Würze im Essen. Auch bei Ölen solltest du auf eine hervorragende Qualität achten, denn die enthaltenen Omega-3-Fettsäuren sind wichtig für eine gesunde Ernährung.

Essige

Mit den Standardsorten Apfelessig, Weißweinessig und Aceto balsamico liegst du goldrichtig und sorgst für Abwechslung auf dem Speiseteller. Apfelessig schmeckt fruchtig-mild und ist in der Küche vielseitig einsetzbar. Dazu ist er sehr gesund. Weißweinessig hat ein säuerlich-mildes Aroma. Er ist ideal für Salate, aber auch zum Würzen von Gerichten verwendbar. Aceto balsamico ist der König unter den Essigsorten. Er schmeckt süßlich-cremig und ist der ideale Begleiter für Tomate-Mozzarella und Carpaccio. Aber auch Erdbeeren schmecken damit hervorragend. Mit Essig kannst du außerdem wunderbar kreativ sein und dir deinen Lieblingsessig selbst zubereiten. Dazu Lieblingskraut waschen, in eine dunkle Flasche geben, mit Weißwein- oder Apfelessig auffüllen, sechs Wochen warten, Essig abseihen und fertig ist der Kräuteressig. Das funktioniert übrigens auch mit Öl.

Öle

Bei Ölen ist gute Qualität wichtig. Sie besitzen Omega-Fettsäuren und unterschiedliche Nährstoffe, die viele Gesundheitsvorteile mit sich bringen. Neutrales Bratöl aus speziellen Sonnenblumen-, Raps- oder Distelsorten kann bis zu 210 °C hoch erhitzt werden und eignet sich gut für das Anbraten bei hohen Temperaturen. Aber auch natives Olivenöl kann man bis zu 180 °C erhitzen. Je nach Gewinnung und Herkunft hat es einen unterschiedlichen Geschmack. Hier lohnt sich eine Verkostung. Hochwertige Öle kosten etwas mehr, das liegt daran, dass beispielsweise die Olivenölgewinnung in kleinen Manufakturen noch in Handarbeit geschieht. Das schmeckt man auch. Wichtig ist die Kennzeichnung „extra nativ" oder „Extra Vergine", so hat es das Gesundheitsplus. Du kannst es zum Braten, Marinieren und für Salate verwenden. Leinöl ist ebenfalls sehr gesund, da es ein günstiges Verhältnis von Omega-3- zu Omega-6-Fettsäuren enthält. Es ist allerdings nur ein paar Monate haltbar und sollte kühl und dunkel gelagert werden. Es gibt Smoothies, Müslis und Salaten einen Extra-Gesundheitskick. Kürbiskernöl solltest du ebenfalls nur für die kalte Küche verwenden. Es besitzt viele Antioxidantien, senkt den Cholesterinspiegel und wirkt positiv auf das Immunsystem. Dieses Öl hat einen intensiven, nussigen Geschmack und macht jeden Herbstsalat und jede Kürbissuppe zum Gedicht. Es schmeckt auch hervorragend zu Vanilleeis.

Salz

Salz solltest du möglichst sparsam einsetzen, denn es entzieht dem Körper Wasser. Wenn du viel mit frischen Kräutern kochst, kannst du ganz automatisch weniger stark salzen. Verwende am besten natürliches Salz wie Meersalz oder Steinsalz ohne zugesetztes Jod oder chemische Rieselstoffe. Gute Salze

haben häufig eine Restfeuchte, sind selten schneeweiß und rieseln auch nicht fröhlich aus der Packung. Salze gibt es mittlerweile in allen Farben und Geschmacksrichtungen – von rosa Himalaya-Salz bis zu schwarzem Vulkansalz. Es macht Spaß, sich durch die verschiedenen Sorten zu testen. **Kala Namak** ist ein Steinsalz, das durch den Anteil an Schwefelwasserstoff interessanterweise nach Ei schmeckt. Vor allem für die vegane Küche eine Bereicherung, weil sich dadurch sogar veganes Rührei zaubern lässt. Auch Würzsalze lassen sich gut selber machen und eignen sich prima zum Verschenken. Für ein Kräutersalz zum Beispiel einfach Kräuter waschen und ordentlich trocknen (im Dehydrierer, auf der Heizung, zum Strauß gebunden in der Sonne), fein zermörsern, mit Salz mischen – fertig! Auch Gewürzsalze, zum Beispiel mit gerösteten und gemahlenen Kreuzkümmel-, Fenchel- und Anissamen, Gomasio (Sesamsalz) oder gar ein pinkes Rote-Bete-Salz lassen sich so herstellen.

Süßungsmittel

Bei der herkömmlichen Gewinnung von Haushaltszucker werden viele Chemikalien eingesetzt, unter anderem Klär- und Reinigungsmittel sowie Bleichmittel. Zum Glück gibt es tolle Alternativen zu raffiniertem Zucker. **Vollrohrzucker** wird aus dem Zuckerrohr gepresst. Der gewonnene Saft wird gefiltert, eingekocht, getrocknet und schließlich gemahlen. Da er nicht weiter behandelt wird, bleiben die Mineralstoffe des Zuckerrohrs erhalten. Vollrohrzucker ist sehr dunkel und hat eine Karamellnote. Für manche Desserts ist dieser Zucker zu kräftig im Geschmack und in der Farbe. Dann greifen wir auf **Rohrrohrzucker** zurück. Das ist ein heller Zucker aus Zuckerrohrsaft, der nicht so stark bearbeitet ist wie weißer, mehrfach raffinierter

Rübenzucker. **Kokosblütenzucker** gehört zu unseren Neuentdeckungen. Er hat ebenfalls einen Karamellgeschmack. Kokosblütenzucker wird aus dem Blütennektar des Kokosbaumes gewonnen. Dieser wird gekocht, getrocknet und zu einem Granulat verrieben. Bei Kokosblütenzucker solltest du auf Nachhaltigkeit achten, damit die Regenwälder geschont werden. Er besitzt viele Mineralstoffe wie Eisen, Kalium, Kalzium und Vitamin A. **Agavendicksaft** süßt 20 Prozent stärker als normaler weißer Zucker, du brauchst also weniger davon. Für **Ahornsirup** werden Ahornbäume angezapft. Danach wird der gewonnene Saft verdampft, gefiltert und eingekocht. So entsteht die etwas zähe Flüssigkeit mit einem intensiv-herben Eigengeschmack – ideal für Pancakes oder Kürbissuppe. Kauf auch hier das Bio-Produkt, damit du reinen Sirup erhältst.

Milchprodukte & Eier

Frische Vollmilch, Joghurt, Quark, Crème fraîche – bei unseren Rezepten kommt meist die Vollversion in den Kochtopf. Denn Fett zu entziehen ist nicht „clean" und für unseren Geschmack ein Verarbeitungsschritt zu viel, der sich nebenbei im Mund nicht gut anfühlt. Dann lieber weniger, aber möglichst naturbelassen. Außerdem greifen wir auch gerne mal zu pflanzlichen Alternativen: Mandelmilch, Sojajoghurt oder Hafersahne kommen bei uns in die Tüte und auf den Teller. Wie bei Fleisch sollten bei Milchprodukten und Eiern, aber auch bei den pflanzlichen Alternativen, vor allem bei Sojaprodukten, nur Bio-Lebensmittel im Einkaufskorb landen, da sie nicht mit Schadstoffen belastet sind und umweltverträglich und nachhaltig produziert wurden. Pflanzliche Milchsorten kannst du auch leicht selbst herstellen – auf Seite 100 findest du das Rezept dazu.

Unsere Empfehlungen

Wir haben eine typische Auswahl zusammengestellt, die wir dir auf der Suche nach alternativen Zucker- und Getreidesorten sowie Superfoods ans Herz legen können.

1 Schwarzer Venere Reis von der Firma Davert hat uns geschmacklich total überzeugt. Dadurch, dass die Reiskörner nicht geschliffen werden, behalten die Reiskörner die natürliche dunkle Farbe und alle wertvollen Inhaltsstoffe aus der Schale. www.davert.de

2 Wir lieben Kakaonibs! Sie sind 100 %-ig naturbelassen und sorgen für traumhaften Crunch in jedem Frühstücksmüsli. Tolle Bioqualität erhältst du von Govinda, für uns eine der ersten Adressen, wenn es um Superfoods oder das Schwefelsalz Kala Namak geht. www.GovindaNatur.de

3 Für uns ist beim Einsatz in der Küche gutes Dinkel- und Roggenmehl wichtig. Außerdem verwenden wir gerne Buchweizen- und Kastanienmehl in unseren Rezepten, die sogar glutenfrei sind. Alle diese Mehlsorten und noch viele mehr bekommst du von der Firma Bauck. www.bauckhof.de

4 Kokosblütenzucker ist eine unserer liebsten Neuentdeckungen. Uns ist eine nachhaltige Herstellung superwichtig. Dieses Produkt hat uns einfach überzeugt, denn diese wird von Govinda garantiert. www.GovindaNatur.de

5 Von Rapunzel gibt es einen sehr guten Bio-Vollrohrzucker, in dem die natürlichen Bestandteile des Zuckers enthalten sind. Der frische Zuckerrohrsaft wird nach einem traditionellen Verfahren getrocknet und vermahlen. www.rapunzel.de

6 Den Bio-Matcha von imogti gibt es in unterschiedlichen Qualitätsstufen, für die Merkmale wie Mahlgrad und Anbauregion eine Rolle spielen. Im Handel, aber auch unter **www.imogti.com** kannst du unter anderem Morning Blend, Premium Blend oder sogar Platinum Blend kaufen, inklusive Zubehör wie Matchabesen.

7 Das Ur-Salz von Erntesegen ist ein naturbelassenes Steinsalz, das in Deutschland hergestellt wird. Es kommt ohne Rieselhilfen, Konservierungsstoffe sowie zugesetztes Jod und Fluor aus und wird von uns daher gerne in der Küche eingesetzt. **www.erntesegen.de**

8 Goji-Beeren gibt es von Flores Farm in 1A-Bio- und Rohkostqualität. Sie werden zu 100 % in Handarbeit geerntet. Ohne Zusatz von Zucker, sorgen sie für Pep in unseren Müslis, Smoothies und Co. Es gibt sie im Handel und unter **www.floresfarm-shop.com** zu kaufen.

12 Supermänner aus dem Vorratsschrank

Wir lieben es, im Bio-Markt durch das Regal zu stöbern und auf die Jagd nach Neuentdeckungen zu gehen. Dort finden wir immer Überraschungen und neue Lebensmittel, die wir noch nicht ausprobiert haben. Das ist besonders bei Superfoods der Fall, hier werden häufig neue Produkte eingeführt, die es zu entdecken gilt. Superfoods sind Lebensmittel, die wahre Superkräfte in Sachen Gesundheit haben. Dazu gehören unter anderem bestimmte Obst- und Gemüsesorten, Nüsse, Öle und Samen, deren positive Auswirkungen auf den Körper wissenschaftlich nachgewiesen sind. Welche davon sollten es auch unbedingt in deinen Vorratsschrank schaffen? In dieser Liste findest du einige gute Bekannte, aber auch Neulinge. Probier dich durch die Vielfalt der Superfoods und finde deine persönlichen Supermänner.

ALGEN: Algen gehören zu den ältesten Lebensformen überhaupt. Sie haben einen äußerst hohen Anteil an Chlorophyll. Chlorophylle sind natürliche Farbstoffe, die Sonnenlicht sammeln. Algen wie **Chlorella** und **Spirulina** wirken stark reinigend und regenerierend. Daher die Dosis am besten langsam steigern. Es gibt sie meist in Pulverform. Greife wegen der mittlerweile stark verunreinigten Meere am besten zu Bio-Algen.

BEEREN & FRÜCHTE: **Blaubeeren**, **Himbeeren**, **Erdbeeren** und Co. haben einen hohen Anteil an Vitamin C und zusätzlich eine Menge Antioxidantien. Die bislang eher noch selten gesehene nahe Verwandte **Goji-Beere** hat einen vergleichbar hohen Proteingehalt wie Vollkornweizenmehl und ist reich an Mineralien. Mittlerweile kann man Goji-Sträucher sogar bei uns im Handel kaufen. Früchte wie **Granatapfel** oder **Grapefruit** bringen die Verdauung auf Trab. Sie wirken ebenfalls antioxidativ und haben einen hohen Vitamin-C-Gehalt. Es lohnt sich auch, die afrikanische **Baobab-Frucht** zu entdecken: Sie ist ebenfalls reich an Vitamin C und fördert die Verdauung. Im Internet kann man Setzlinge bestellen, braucht dafür aber möglichst einen Wintergarten.

GRÜNER TEE & GRÜNER KAFFEE: Hier schlägt die Farbe Grün alle Rekorde. **Grüntee** ist bekannt für seine positive Wirkung auf die Gesundheit. Er steigert den Energieverbrauch, ist eine Wunderwaffe gegen eine Vielzahl an Erkrankungen und wirkt antioxidativ. **Matcha-Tee** wird einen Monat vor der Ernte abgedunkelt. Bitterstoffe werden so reduziert. Geerntet wird per Hand und zwar zwei Teeblätter und die oberste Knospe. Diese werden sofort gedämpft. Das schützt die enthaltenen Aminosäuren, Polyphenole und auch die intensive grüne Farbe. In speziellen Mühlen werden die Blätter und Blüten schließlich zu Pulver gemahlen. Deshalb hat der edle Tee auch seinen Preis. Auch **grüner Kaffee** kommt immer mehr in Mode. Er wird aus jungen grünen Kaffeebohnen gewonnen. Er soll den Blutzuckerspiegel senken und die Gewichtsreduktion unterstützen.

GEWÜRZE: Was wären viele Gerichte ohne die Prise hiervon und die Prise davon? Doch Gewürze sorgen nicht nur für mehr Geschmack im Essen, viele sind absolute Superheros in Sachen Gesundheit. Die scharfe **Chili** regt die Durchblutung an, unterstützt die Entgiftung und produziert quasi nebenbei auch noch Glückshormone. **Ingwer** ist entzündungshemmend und fördert ebenfalls die Durchblutung und die Verdauung. Außerdem hilft er bei Übelkeit oder Erkältungskrankheiten. Dazu kannst du je nach Wunsch kaltes oder warmes Wasser mit einigen Ingwerstückchen aromatisieren. Es gibt fast nichts, was **Kurkuma** nicht kann, beispielsweise wirkt es entgiftend.

GRÜNES BLATTGEMÜSE: Gute Nachrichten: Auch in unseren Breiten wachsen Superfoods. **Grünkohl** etwa ist ein richtiger Superstar und reich an Vitamin C, Kalzium, Vitamin A und Vitamin E. Gemeinsam mit **Mangold** und **Spinat** stärkt er das Immunsystem, verbessert den Blutkreislauf und fördert durch die enthaltenen Bitterstoffe die Verdauung.

FERMENTIERTE LEBENSMITTEL: Die Gärgetränke **Kefir** und **Kombucha** fördern die Verdauung und stärken das Immunsystem. Kefir kann vegetarisch, aber auch vegan hergestellt werden. Kombucha entsteht durch die Fermentierung von gesüßtem Tee mit dem Kombucha-Pilz. Gemüse zu fermentieren ist gerade „in", dazu auch noch gesund und zu Hause machbar. Mittlerweile wird Gemüse über das klassische Sauerkraut hinaus über kurz oder lang milchsauer vergoren und damit haltbar gemacht. Das wirkt sich positiv auf den Cholesterinspiegel und das Immunsystem aus.

KAKAO: Newsflash – Schokolade macht dank der enthaltenen Wirkstoffe nicht nur glücklich, sondern auch gesund! Dazu greifst du allerdings am besten zu **rohem Kakaopulver** oder **Kakaonibs**. Dort wurde nämlich kein Zucker zugesetzt, außerdem sind beide in der unverarbeiteten Form reich an ungesättigten Fettsäuren, Antioxidantien und Mineralien.

KEIMLINGE & SPROSSEN: Keimlinge und Sprossen wie **Alfalfakeimlinge**, **Weizengras**, **Gerstengras** oder **Erbsensprossen** sind kleine Kraftprotze. Sie verfügen ebenfalls über sehr viele Antioxidantien, Enzyme sowie Ballaststoffe, die verdauungsfördernd wirken. Sprossen selbst zu ziehen ist gar kein Problem und sorgt regelmäßig für Abwechslung auf Salaten oder in anderen Speisen.

MANUKA-HONIG: Der neuseeländische Honig hat es in sich: Er ist eine Wunderwaffe gegen Viren, Bakterien und Pilze – quasi ein natürliches Antibiotikum. Bei Erkältungen kannst du **Manuka-Honig** in einen leicht abgekühlten Tee geben oder über den Tag verteilt einen Teelöffel auf der Zunge zergehen lassen. So wirkt er gegen Halsschmerzen, Husten und Schnupfen. Außerdem fördert er die Verdauung. Hochwertigen Manuka-Honig erkennst du am MGO-Wert. MGO steht für Methylglyoxal, das ist sein Hauptwirkstoff. Es gibt Werte zwischen 100 und 550, wobei ein Wert ab 400 Spitzenqualität anzeigt. Je höher der Wert, desto teurer der Honig.

ÖLE: Dass Fett nicht unbedingt fett macht, ist allmählich bekannt. Auf die Qualität und die Menge des Fettes kommt es an. Fett ist ein wichtiger Nährstoff für den Körper und das Gehirn. Es ist wissenschaftlich erwiesen, dass **Olivenöl** das Herzinfarkt- und Krebsrisiko senken kann. Aber auch **Arganöl**, **Hanföl**, **Leinöl** oder **Sesamöl** können sich als äußerst gesunde und schmackhafte Alternativen sehen lassen. Im Ayurveda ist das Ölziehen ein wichtiger Teil des Morgenrituals. Dazu wird 1 TL neutrales Bio-Öl morgens 15 Minuten im Mund hin und her gezogen. Danach einfach im Restmüll entsorgen und Zähne putzen. Eine kleine Detox-Kur am Morgen, denn das Ölziehen entgiftet.

SAMEN: Die kleinen Körner haben es faustdick hinter den Ohren, denn sie besitzen super viele gesund machende Inhaltsstoffe. **Chia-Samen** fördern die Verdauung, sie sind das pflanzliche Lebensmittel mit dem besten Omega-3-Fettsäure-Gehalt, sie liefern Eiweiß, Ballaststoffe, Eisen, Kalzium und Antioxidantien. Auch **Hanfsamen** sind ein guter Proteinlieferant und besitzen viele Nährstoffe. **Leinsamen** verfügen ebenfalls über einen hohen Anteil an essenziellen Fettsäuren, Antioxidantien und Ballaststoffen. In Verbindung mit viel Flüssigkeit quellen sie im Darm auf und regen die Verdauung an.

WILD- UND GARTENKRÄUTER: Last, but not least geht es um die Helden im Garten oder auf dem Fensterbrett. Die ätherischen Öle im **Rosmarin** machen sich gut als Tee. So hilft er bei Kopfschmerzen und beruhigt die Nerven. Ein Tee aus **Thymian** oder **Salbei** hilft bei Erkältungen. **Zitronenmelisse** oder **Lavendel** ist im Tee eine gute Einschlafhilfe. Im Garten sind dir **Brennnessel** und **Giersch** ein Dorn im Auge? Nicht doch! Auf der folgenden Seite findest du mehr Infos zu der Heilwirkung und der Verwendung dieser Pflanzen.

Wildkräuter in der Küche

Für Salate, Smoothies und Co. sind Wildkräuter eine super Ergänzung. Sie sind saisonal, regional und wenn du sie nicht gerade neben der Straße erntest, auch ohne Schadstoffe. Sie peppen jedes Essen auf und sind unfassbar gesund, denn sie haben teilweise sogar eine heilsame Wirkung. Wichtig ist bloß, dass sie zweifelsfrei erkannt werden. Leider ist es heute nicht mehr wie früher üblich, sich mit Kräutern, Pilzen und Beeren auszukennen. Mit unseren Großeltern sind wir früher oft durch Wald und über Wiesen gestapft und haben im Frühling, Sommer und Herbst eine schöne Beute nach Hause gebracht, die wir dann weiterverarbeitet haben. Aber zum Glück gibt es heutzutage ja Kräuterwanderungen, bei denen unter Anleitung erklärt wird, wie Brennnesseln, Löwenzahn und Gänseblümchen aussehen. Die erkennst du auch sofort? Dann kannst du dich auch an Bärlauch, Sauerampfer, Spitzwegerich und Giersch herantrauen.

Kleines Kräuter-ABC

Gerade wegen der Verwechselungsgefahr solltest du am besten nur die Pflanzen sammeln, die du eindeutig identifizieren kannst und kennst. Kräuter erst zu sammeln und dann zu Hause mithilfe eines Handbuchs zu bestimmen ist keine gute Idee, denn dann liegt man leicht daneben. Wenn du die Pflanze, die du gesucht hast, entdeckst, schau sie dir genau an. Pflanzen, die verformte oder verfärbte Blätter oder Überzüge und Beläge an der Unterseite der Blätter haben, solltest du links liegen lassen. Außerdem sollten möglichst Kräuter mit jungen Trieben im Körbchen landen. Gepflückt werden dürfen Wildkräuter gesetzlich nur in kleinen Mengen, also ein kleiner Strauß. Macht auch Sinn, denn wenn auf einmal alles abgeerntet ist, kann sich die Pflanze nicht regenerieren und im nächsten Jahr gibt es dann keine Kräuter mehr.

Junge Blätter, frische Triebe und Knospen, aber auch einige Wurzeln werden im Frühjahr, Kräuter im Sommer und Wurzeln und Samen im Herbst gesammelt. Es können verschiedene Teile der Kräuter genutzt werden. Je nachdem ob du Blätter, Blüten oder Samen nutzen möchtest, sind andere Dinge zu beachten. Denn kurz vor der Blütezeit der Pflanze ist die Konzentration ihrer Inhaltsstoffe am höchsten, daher eignet sich diese Zeit gut, um Blätter zu ernten. Blüten werden entweder zu Beginn oder bei voller Blüte gepflückt, das variiert von Pflanze zu Pflanze.

Am frühen Vormittag ist die beste Zeit, sich einen Korb oder Stoffbeutel zu schnappen und auf Wildkräuterjagd zu gehen. Bitte keine Plastiksäckchen, denn darin fangen sie an zu „schwitzen". Zum Ernten der Kräuter am besten ein Messer oder eine Schere verwenden und nicht einfach die Wurzeln mit rausreißen.

Wildkräuter verwenden

Die meisten Kräuter verwendest du am besten für kalte Gerichte. Sie geben beispielsweise Salaten den letzten Schliff, indem du sie kurz vor dem Servieren darüberstreust. Aber auch Öle und Essige kannst du mit Wildkräutern aromatisieren. Warum nicht auch mal ein Pesto oder einen Smoothie mit Wildkräutern machen? (Rezepte siehe Seite 78/79 und 94/95)

Für lange Lagerung sind Wildkräuter aber nicht gedacht. Sie verlieren dadurch Inhaltsstoffe und verwelken schnell. Ein kleiner Trick für längere Haltbarkeit ist, sie in ein feuchtes Küchentuch einzuschlagen und sie in den Kühlschrank ins Gemüsefach zu legen. Vor der Verwendung die Kräuter einfach gründlich mit kaltem Wasser waschen, trockenschütteln und Stiele sowie braune Blätter entfernen.

Als Wildkräutersammel-Anfänger musst du aufpassen, nicht aus Versehen einen giftigen „Doppelgänger" zu pflücken. Bärlauch kann zum Beispiel auch mit Maiglöckchen oder Herbstzeitlosen verwechselt werden, weil die Blätter ähnlich aussehen.

Kräuter trocknen

Selbst im Winter mit Wildkräutern zu würzen ist kein Problem, wenn du sie gleich nach dem Sammeln trocknest. Dazu bindest du die gewaschenen Kräuter zu kleinen Sträußen zusammen und hängst sie an einem luftigen, sauberen und schattigen Ort auf. Oder du legst sie auf Küchenkrepp aus und wendest sie regelmäßig. Je nachdem, welche Kräuter es sind, dauert das Trocknen zwischen drei Tagen und drei Wochen. Danach kannst du die Kräuter in einem dunklen Glas luftdicht verschlossen lange aufbewahren. Daraus lassen sich mit ein bisschen Fantasie und Experimentierfreude Gewürzmischungen zusammenstellen. Oder wie wäre es mit einem selbst gemixten Kräutertee? Dazu kannst du auch Wildkräuter mit Gartenkräutern wie Thymian, Salbei oder Zitronenmelisse mischen. Selbst gemachte Kräutersalze sind ein nettes Geschenk oder geben ein dekoratives Tischsalz ab. Dazu mischt du einfach Salz und Kräuter in einem Verhältnis von 7:3.

10 Wildkräuter für Anfänger und Fortgeschrittene

BÄRLAUCH: Bärlauchblätter kannst du von März bis April ernten. Bärlauch wächst vor allem auf schattigen, feuchten Böden und in großen Gruppen. Er schmeckt und riecht intensiv nach Knoblauch und macht als Frühlingspesto eine tolle Figur. Bärlauch kann aber auch für Suppen, Salate oder Smoothies verwendet werden.

BRENNNESSEL: Brennnesselblätter kannst du von März bis Juni ernten. Dazu am besten Handschuhe tragen. Sie wachsen vor allem auf Brachflächen und an Weg- und Waldrändern. Brennnesseln enthalten viel Eisen und Vitamin C und wirken gegen Rheuma und Gicht. Sie können einfach in Tees weiterverarbeitet werden. Dazu 1 TL Brennnesselspitzen in eine Tasse geben und aufbrühen. Junge, zarte Blätter kannst du prima zum Kochen verwenden. Die Brennhaare machst du durch Blanchieren unschädlich. Um sie roh zu essen, rollst du einige Male mit dem Nudelholz darüber.

GIERSCH: Für diese Pflanze ist von März bis Mai Erntezeit. Er wächst im Gebüsch, in Hecken und am Waldrand. Genauso wie Brennnesseln ist Giersch ein vermeintliches Unkraut. Doch sein Ruf ist zu Unrecht so schlecht: Giersch kann bei Gicht eingesetzt werden und sorgt für geschmackvolle Abwechslung auf dem Salatteller oder im Smoothieglas.

LÖWENZAHN: Ernten kannst du Löwenzahn von März bis September. Er wächst quasi überall und ist eine unverwüstliche Powerpflanze: Seine Wurzeln können sich sogar durch Asphalt schlagen. Davon kannst du dir eine Scheibe abschneiden, wenn du ihn regelmäßig als Tee trinkst. Dafür 1 TL getrocknete Löwenzahnblätter aufbrühen. Junge Blätter können für Salate oder Smoothies verwendet werden, er schmeckt aber auch als Löwenzahnbutter oder Pesto. Für ein bisschen Pep auf dem Gemüseteller sorgen geschlossene Blüten, die angebraten werden können.

SAUERAMPFER: Dieses Wildkraut kannst du von Mai bis September ernten. Sauerampfer wächst vor allem auf Wiesen und hat einen herrlich sauren Geschmack. Wie Löwenzahn wirkt er harntreibend und ist nährstoffreich. Auch er macht sich gut in Salaten und Smoothies, in Suppen oder Kräuterquark und -sauce. Bei Problemen mit Nieren, Gicht, Rheuma oder Arthritis sollte er lieber gemieden werden.

VOGELMIERE: Ernten kannst du diese Pflanze zum Glück sogar ganzjährig. Sie wächst unter anderem auf Wegrändern oder in Gärten. Sie enthält viel Kalium und Vitamin A sowie wichtige Mineralien. Vogelmiere macht sich gut in Gemüsegerichten, Salaten oder im Kräuterquark und ist ein wunderbarer Ersatz für Petersilie und Schnittlauch.

Die 10 Wildkräuter, die wir dir hier vorstellen, sind natürlich nur eine ganz kleine Auswahl an den unzähligen Möglichkeiten, die die Natur zu bieten hat. Auch hier gewinnst du unglaublich viel, wenn du genau beobachtest, was um dich herum geschieht. Es macht viel Spaß, seine Umgebung immer weiter zu entdecken und selbst zu beobachten, wann welche Wildpflanzen wachsen. Wenn deine Großeltern dir weiterhelfen können, schnapp sie dir und begib dich mit ihnen zusammen auf Entdeckungsreise.

WALDMEISTER: Die Erntezeit von Waldmeister ist im Mai. Er mag es schattig und ist daher vor allem in Wäldern zu finden. Waldmeister wirkt beruhigend und krampflösend. Mit ihm kannst du Getränke aromatisieren oder Speisen würzen. Doch es ist auch etwas Vorsicht geboten: Zu viel davon kann zu Übelkeit und Kopfschmerzen führen. Daher maximal 13 Stängel Waldmeister auf einen Liter Flüssigkeit verwenden.

GÄNSEBLÜMCHEN: Sie wachsen von März bis Oktober und geben Wiesen ihr Sommergesicht. Gänseblümchen regen Appetit und Stoffwechsel an und können sogar Schmerzen lindern. Sie sehen hübsch in Salaten, Eiswürfeln oder als Dekoration auf Gerichten aus.

KAMILLE: Kamillenblätter können von April bis Mai gepflückt werden, Blüten von Mai bis Juni. Kamille ist wirksam bei Entzündungen und Krämpfen. Die Blüten machen sich gut als Aroma im Wasser oder natürlich auch im selbst gemachten Tee. Die jungen, aromatischen Blätter kannst du in kleinen Mengen zum Würzen verwenden. Du unterscheidest sie von der Margerite an den Blättern, die bei der Kamille wie beim Fenchel ganz fein sind, und am unverwechselbaren Duft.

SPITZWEGERICH: Dieses Kraut kannst du von April bis September ernten. Du findest Spitzwegerich an Wegrändern und Wiesen. Er wirkt gegen Husten und fördert die Wundheilung. Du kannst Spitzwegerich gut für Salate verwenden oder als Tee aufbrühen. Dafür einen halben Teelöffel Spitzwegerich mit kochendem Wasser übergießen. Wenn du die Blütenköpfe kochst, sind sie eine tolle Alternative zu Champignons.

Küchenausrüstung

Damit der Start problemlos klappt und du alles Handwerkszeug parat hast, findest du hier eine Liste mit allen Küchenhelfern. Da es Clean Eating mit sich bringt, dass viel geschnippelt, gekocht und gebacken wird, musst du vielleicht das ein oder andere Gerät noch besorgen. Eine gute Qualität ist auch bei den Utensilien wichtig, denn so halten sie länger und das ist letztendlich umweltfreundlicher. Versuche beim Neukauf so gut es geht auf Naturmaterialien zurückzugreifen. In unseren Rezepten kommen auch noch ein paar andere Geräte vor. Die kannst du aber auch nach Bedarf kaufen, wenn du Lust hast, das Rezept auszuprobieren.

○ Fleischklopfer
○ Gemüsebürste
○ Gemüsehobel
○ Holzkochlöffel
○ Holzspieße
○ Küchenmaschine oder Handrührgerät
○ Küchenmesser in guter Qualität, verschiedene Größen
○ Küchenreibe, zum Beispiel die RazorTech Duo-Reibe von Lurch (www.lurch.de). Mit der scharfen Edelstahlreibe kannst du grob oder fein reiben und so Muskatnuss, Zitrusfrüchte und Co. ultraschnell verarbeiten.
○ Küchensieb, fein und grob
○ Mörser
○ Nudelholz
○ Ofenform, mittelgroß
○ Pfannen, beschichtet, in groß und klein
○ Pfeffermühle
○ Rührschüsseln in verschiedenen Größen
○ Schneidebretter
○ Schöpflöffel
○ Sparschäler
○ Spiralschneider, ebenfalls von Lurch. Mit dem Super-Spiralschneider kannst du im Handumdrehen aus Gemüse Spiralen oder die leckerste Pasta zaubern. Geht zwar mit einem Sparschäler auch, mit dem Super-Spiralschneider bist du aber deutlich schneller.
○ Stabmixer oder Blitzhacker, zum Beispiel von Kenwood (www.kenwoodworld.de) das Triblade System mit Stabmixer, Mixbecher, Schneebesen, Kartoffel- und Gemüsestampfer. Mit dem Set bist du optimal ausgestattet, wenn es darum geht, größere oder kleinere Lebensmittelmengen zu verarbeiten.
○ Standmixer oder Blender, zum Beispiel der geniale Hochleistungsmixer volto von bianco di puro (www.bianco-di-puro.com). Das Schmuckstück macht sich nicht nur optisch gut in jeder Küche, der stufenlos verstellbare Hochleistungsmixer mit 8 Programmen zerkleinert Obst und Gemüse beispielsweise zu traumhaft leckeren Smoothies.
○ Töpfe in verschiedenen Größen mit passenden Deckeln
○ Zestenreibe
○ Zitronenpresse

Bevor es an die Töpfe und Pfannen geht

Zum Schluss noch ein paar Infos zu unseren Rezepten. Sie sind immer für 2 Personen gedacht, Ausnahmen sind gekennzeichnet. So kannst du sie leicht umrechnen, wenn du nur für dich kochst oder gleich für 4 Personen.

Vegane, vegetarische, laktose- und glutenfreie Rezepte sind immer mit diesen Icons angegeben:

Geschmäcker sind ja bekanntlich verschieden. Deshalb kannst du natürlich jederzeit nachwürzen, wie es dir gefällt.

Wenn nicht anders angegeben, ist bei den Backzeiten immer Ober- und Unterhitze gemeint. Wenn du mit Umluft backen möchtest, musst du die Temperatur um 20 °C reduzieren.

Für manche Rezepte im Basic-Kapitel (ab Seite 66/67) brauchst du sterilisierte Flaschen und Gläser. Das geht ganz einfach, indem du sie in die Spüle stellst und sie mit kochend heißem Wasser komplett füllst. Ausleeren (Vorsicht, heiß!) und zum Abtropfen umgedreht auf ein ganz sauberes Geschirrtuch stellen.

BEWEGUNG

Raus an die Luft

Wie war das noch gleich mit den Hummeln im Hintern? Sie kitzeln uns so lange, bis es endlich hinausgeht an die frische Luft. Wir geben den Hummeln gerne ihren Willen, denn sich viel draußen zu bewegen, ist für uns superwichtig. Wir beide lieben Joggen. Sarah ist außerdem gerade im Kletterfieber und Eva absoluter Yoga-Fan. Berufsbedingt sitzen wir wie die meisten Leute viel auf unseren vier Buchstaben. Deshalb ist beispielsweise der Sonnengruß am Morgen, wenn der Tag noch jung ist, oder abends nach getaner Arbeit eine kleine Joggingrunde für uns ein kleiner Höhepunkt des Tages. Um nach dem Gehirn-Workout auch mal den Körper zum Zug kommen zu lassen. Nicht so sehr wegen der perfekten Bikinifigur, denn wer hat die schon. Klar legen wir Wert darauf, fit und in Form zu bleiben, aber es geht uns vor allem darum, mal sämtliche Glieder zu bewegen und die Muskeln aus dem Dornröschenschlaf zu reißen. Irgendwie hat man nach so einem langen Arbeitstag dann doch immer das Gefühl, eingerostet zu sein und sich zu viel im Kopf herumzutreiben. Da ist etwas Sport draußen in der Natur ein gutes Gegenmittel.

Wenn die Sonne scheint und die Vögel zwitschern, ist es schon etwas einfacher, sich zu motivieren, sich noch das Fahrrad zu schnappen oder zur Kletterwand zu fahren. Aber auch bei Regen oder Schnee müssen die Joggingschuhe nicht im Schrank bleiben. Auch wenn dein Schweinehund vielleicht erst einmal Einspruch erhebt. „Eigentlich wollte ich ja, aber jetzt habe ich doch keine Lust mehr" oder „Morgen ist das Wetter bestimmt wieder besser". Nicht drauf hören und einfach machen. Ein kleiner Trick ist, gar nicht erst zu viel drüber nachzudenken, ob etwas gegen eine kleine Sporteinheit sprechen könnte. Nach der Arbeit Boots & Ballerinas durch die Sportschuhe tauschen und los geht's. Ein Sportfreund oder eine Sportfreundin

mit festen Tagen, an denen geschwommen wird oder es zur Pilates-Stunde geht, hilft da enorm. Das motiviert nämlich erstens von vorneherein und zweitens wird es ab zwei Absagen in Folge peinlich.

Ein großartiges Gefühl

Wenn du dich nämlich trotzdem aufgerafft hast, fühlst du dich hinterher einfach nur toll. Garantiert. Und stolz auf dich noch dazu. Kopf und Körper fühlen sich wieder wie eins an. Du fühlst dich herrlich geschafft, aber nicht so k.o. wie nach einem langen Arbeitstag, sondern trotz der körperlichen Anstrengung klar und frisch. Danach duschen und ein leckeres Abendessen zubereiten (vielleicht sogar mit dem Sportfreund bzw. der Freundin?) und der Tag hat ein Happy End, egal, wie er vorher lief. So lässt es sich dann später auch schön schlummern.

Mit 2–3 Sporteinheiten pro Woche bist du ganz gut dabei. Hab aber auch kein schlechtes Gewissen, wenn du es nur einmal schaffst. Bei Zeitmangel kannst du auch auf die Übungen ab Seite 58 ff. zurückgreifen, sie kannst du je nach Zeit und Fitnessgrad anpassen. Geh entspannt an die Sache heran, hab Spaß dabei und setz dich nicht unter Druck. Stell am besten deine eigenen Regeln auf, denn nur du weißt, was dir wirklich guttut. Wenn du krank bist, solltest du dich lieber ausruhen, als Sport zu treiben. Das Wichtigste ist: Sieh Bewegung als Mittel zur Entspannung an. Deshalb kann sie je nach Tagesform auch unterschiedlich intensiv ausfallen. Manchmal reicht dafür auch ein Spaziergang. Vielleicht hast du ja aber auch Lust auf frischen Wind und möchtest zwischendurch eine neue Sportart versuchen?

Wer mit dem Rad zur Arbeit fährt, hat eh schon eine Goldmedaille verdient. Nicht nur in Sachen Fitness, sondern auch wegen dem kleineren ökologischen Fußabdruck. Vielleicht kannst du am Wochenende mal eine Probetour zur Arbeitsstelle machen und schauen, ob es vielleicht doch gar nicht so schlimm ist, wie gedacht?

Neues ausprobieren

Das Schöne an der Schulzeit war, dass man damals mit total vielen verschiedenen Sportarten in Berührung gekommen ist. Vom Schwimmen über Leichtathletik zum Mannschaftssport wie Volleyball oder Hockey, ständig hat man neue Sachen ausprobiert. Sie waren einfach oder manchmal auch schwer, aber am wichtigsten von allem: Es war meistens spielerisch und der Spaßfaktor war garantiert. Ach ja, schön war sie, diese Leichtigkeit, die nach großen Ferien, Sonnenmilch und Eiscreme duftete.

Auch jetzt, einige Jahre später, kannst du dir dieses Gefühl wieder zurückholen. Probier dich einfach mal durch verschiedene Sportarten hindurch. Hier kommt auch wieder der Sportfreund ins Spiel, denn zusammen macht's bekanntlich doppelt Spaß. Vielleicht ist ja irgendetwas dabei, das du neu entdeckst und das dich auf deinen ganz eigenen Planeten namens Entspannung beamt.

JOGGEN: Für alle gut, die es mögen, sich richtig auszupowern. Lauf-Junkies sieht man bei jedem Wind und Wetter draußen. Das Schöne dabei ist: Man braucht nur ein paar vernünftige Laufschuhe, ein paar bequeme Klamotten und schon kann's losgehen. Bei regelmäßigem Training und etwas längeren Strecken gibt's als Belohnung sogar ein Runner's High. Der ganze Schnickschnack mit Laufuhr, schweiß-saugenden Klamotten und ausgefeilten Trainingsplänen ist zwar erst einmal nicht unbedingt nötig, aber natürlich nett, wenn du regelmäßig läufst und irgendwann mehr willst. Darf es dann vielleicht ein 10-Kilometer-Lauf oder sogar ein Halbmarathon sein?

KLETTERN: Jetzt kommen zu den Beinen noch die Arme: Klettern ist eine weitere sehr ursprüngliche Sportart. Es ist ein fantastisches Gefühl, oben angekommen zu sein und mit einem Blick nach unten zu sehen, wozu die eigenen Hände, Arme und Beine in der Lage sind. Schwindelfreiheit natürlich vorausgesetzt. Zum Testen kann es auch in die Boulder-Halle gehen, dort gibt es Parcours für jedes Fitnesslevel. Ins echte Klettern kannst du mit einem Kurs hineinschnuppern, dann hast du alle Regeln in puncto Sicherheit parat. Aber wieso nicht auch klein starten, der nächste Baum wartet schon auf dich!

SCHWIMMEN: Das Schöne am Schwimmen ist, dass es keine Jahreszeiten kennt. Im Sommer kommst du im See, Freibad oder am Meer, im Winter im Schwimmbad als Badenixe auf deine Kosten. Die gleichmäßigen Bewegungen, ob beim Brustschwimmen oder beim Kraulen, das nahezu schwerelose Gleiten im Wasser haben etwas Meditatives. Und du hast es ganz alleine in der Hand, ob du langsam oder schnell vorankommst. Ein befreiendes Gefühl!

SLACKLINE: Zugegeben: Es dauert eine Weile, bis man wirklich auf einer Slackline laufen kann. Zunächst hat man nämlich erst mal seine liebe Not, überhaupt hoch zu kommen und stehen zu bleiben. Mit einem bisschen Übung kannst du dich aber immer länger oben halten und hin- und herbalancieren. Eine Slackline ist tolles Mitbringsel für ein Picknick mit Freunden im Park oder am See – sich als Seiltanzkünstler zu versuchen, macht einfach irre Spaß und trainiert alle möglichen Muskelgruppen im ganzen Körper, die sonst nie beansprucht werden.

SURFEN: Diese Sportart steht bei uns schon seit Längerem auf der To-Try-Liste. Und zwar nicht nur wegen der feschen Surfer-Boys, sondern auch wegen dem viel gepriesenen Gefühl von Wind und Wasser auf der Haut und dem völligen Einswerden mit der Natur. Und den Spaßfaktor gibt's gleich mit dazu.

TANZEN: Egal ob klassisch mit Ballett, brasilianisch-afrikanisch mit Capoeira oder in der Zumba-Gruppe: Die Kombination aus Musik und rhythmischer Bewegung ist pure Lebensfreude. Vielleicht willst du ja mal wieder die alten Ballettschlappen aus der Kindheit hervorholen oder deinen Partner zu einem Tanzkurs überreden?

WANDERN: Wandern ist beliebt wie nie – vor allem bei uns urbanen Bewohnern, die es am Wochenende raus zu den Bergen zieht. Kein Wunder: Es ist unglaublich erholsam, in der frischen Bergluft über Stock und Stein zu laufen, Höhenmeter um Höhenmeter zu erklimmen und am Ende mit einer unglaublichen Aussicht belohnt zu werden. Selbstredend gibt's auf einer Hütte eine schöne Brotzeit. Dort lässt es sich auch übernachten, dann wird man mit etwas Glück frühmorgens durch Kuhglocken geweckt. Mehr Erholung kann kein Wochenende bieten. Zum Glück braucht's dafür auch nur bequeme Klamotten, einen Wanderführer und ein Paar feste Bergschuhe.

YOGA: Wir haben uns schon als Yoga-Fans geoutet – für uns eine der tollsten Sportarten überhaupt. Eine Yogastunde ist ein Rundum-Programm für Körper, Geist und Seele. Quasi ein einstündiger Kurzurlaub. Es gibt jede Menge unterschiedlicher Richtungen: Von Iyengar-, Ashtanga-, Jivamukti- bis zu Kundalini-Yoga – für jeden ist da etwas dabei. Je nachdem, ob man eher die körperlich betonte Richtung oder lieber die Kombination aus Asanas und spirituellem Überbau bevorzugt. Auf der Suche nach einer Richtung und einem Lehrer, die sich für dich perfekt anfühlen, helfen die Schnupperstunden, die viele Studios anbieten.

In der Ruhe liegt die Kraft

Die Oma hat ja so recht. Jeder hat garantiert ein Familienmitglied, das diesen klugen Satz beizeiten von sich gibt. Wir haben Meditation schon vor einiger Zeit für uns entdeckt. Es ist so ein tolles Mittel, um sich ganz auf das Wesentliche zu konzentrieren. Und so mit der Zeit relaxter zu werden und sich völlig mit sich im Reinen zu fühlen. Und wo könnte das besser geschehen, als draußen in der Natur? Vielleicht hast du auch irgendeinen Lieblingsplatz, der an sich schon so eine Ruhe ausstrahlt? Das kann eine Parkbank auf einer Anhöhe sein, ein besonderer Baum in einem Wald oder ein Platz an einem See oder Fluss. In das klare Wasser zu blicken und es fließen zu hören, hat für sich genommen schon etwas sehr Beruhigendes. Aber auch ein Kissen vor einem Fenster und ein anderes ruhiges Eckchen ist ein schöner fester Platz für die Meditation.

Was genau ist eigentlich Meditation?

Meditation ist eine uralte Technik, die erstaunlicherweise in vielen verschiedenen Kulturen gebräuchlich ist. Was im Buddhismus und Hinduismus die Meditation ist, ist im Christentum das Gebet. Ist das Ziel dort die Erleuchtung und das Erlangen des Nirwana, ist es hier das Einswerden mit dem Göttlichen – oder für manche auch schlichter, das Flehen um Gottes Gnade. Jetzt aber wieder mal etwas irdischer: Im Prinzip geht es einfach darum, es im Laufe der Zeit zu schaffen, Kontrolle über den Geist zu bekommen. Und ihn gezielt fokussieren zu können anstatt ständig ungewollt Extrarunden auf dem Gedankenkarussell zu drehen. Klingt verlockend, gell?

Es gibt unendlich viele Methoden und Übungen, um zu meditieren. Wenn du erst mit der Meditation beginnst, ist es am besten, sich nicht zu viel vorzunehmen, sondern klein anzufangen. Nimm dir dafür 10 Minuten Zeit, in denen du dich erst einmal einfach nur auf den Atem konzentrierst. Alle aufkommenden Gedanken verfolgst du nicht weiter, sondern lässt sie ziehen. Klingt zwar zunächst mal einfach, hat es aber in sich. Denn gerade dann, wenn man es sich auf seinem Platz bequem gemacht hat und ganz bemüht ist, sich zu konzentrieren, toben die Affen im Kopf besonders wild herum. Das ist zu Beginn eine kleine Nebenwirkung. Zum einen wird es mit jeder Meditationssequenz besser, zum anderen lernt man dadurch einen ganz wichtigen Punkt: Loszulassen. Nicht an den Gedanken haften zu bleiben, sondern sie wie kleine Wölkchen weiterziehen zu lassen. Sie ganz neutral wahrzunehmen, genauso wie vielleicht aufkommende negative Empfindungen, und sich einfach zu sagen: „o. k., so ist es im Moment." Und dann einfach weiterzumachen. Denn: Alles ist ständig im Wandel. Jeder Zustand, jede Stimmung, jedes Gefühl. Das zu akzeptieren und jeden Tag so zu nehmen wie er kommt, im Wissen, dass alles vergeht (die guten, aber auch genauso die weniger guten Tage) bringt dich ein ganz großes Stück hin zu echter innerer Ruhe. So wirst du zu deinem eigenen Fels und bist kleinen Wellen, aber auch größeren Brandungen nicht mehr so hilflos ausgeliefert.

Der einzige Haken an der Sache ist, dass sich die positiven Effekte nur dann zeigen, wenn du regelmäßig meditierst. Das heißt: An möglichst jedem Tag. Ein guter Zeitpunkt ist morgens gleich nach dem Aufstehen. Dann ist der Kopf noch nicht so in Fahrt und der Geist kann meistens etwas leichter

Regelmäßige Meditation hilft dir dabei,

o wacher zu werden, wenn du erschöpft bist

o zu innerer Balance zu finden, wenn du gestresst bist

o Mitgefühl für dich und andere zu entwickeln

o dich auf positive Gedanken zu fokussieren

o dich im Einklang mit dir und der Welt zu fühlen

gebändigt werden. Außerdem ist es auch ein schöner Start in den Tag, der auf diese Weise ruhig und ohne morgendliche Hektik beginnt. Und einfach nur dir gehört und sonst keinem.

o Setz dich also entweder auf die Bank und stell beide Beine nebeneinander. Oder wenn du magst, im Schneidersitz auf den Boden bzw. auf eine Decke. Die Hände bequem auf die Oberschenkel legen und den Oberkörper gerade, aber entspannt aufrecht halten.

o Schließ die Augen und spüre, an welchen Punkten dein Körper die Unterlage berührt. Atme ein paar Mal ganz bewusst tief ein und wieder aus. Spüre nach, wo du deinen

Atem am besten wahrnimmst: Am Naseneingang, in der Kehle oder im Bauch, wenn er sich hebt und senkt?

o Such dir einen Ort am Körper aus, an dem du den Atem am besten spürst und konzentriere dich auf ihn. Atme bewusst ein und wieder aus und beobachte den Atem weiter.

o Keine Sorge: Dass du ab und zu abschweifst, ist ganz normal. Kehr dann einfach wieder ganz ruhig zur Beobachtung deines Atems zurück.

o Ein kleiner Trick ist, sich vorzustellen, dass alle aufkommenden Gedanken und Gefühle Wolken sind, die vorüberziehen. Du nimmst sie zwar wahr, sie sind aber vergänglich. Das kann dir im Alltag helfen, gelassener zu werden, auch wenn es im Innen und Außen hoch hergeht.

Ein toller Start in den Tag mit dem Sonnengruß

Besser kannst du den Tag nicht beginnen: Der Sonnengruß hilft dir, morgens leichter wach zu werden, denn der Kreislauf kommt in Schwung und die bettschweren Muskeln in Fahrt. Gleichzeitig entspannst und fokussierst du mit der gleichmäßigen Abfolge deinen Geist und wirst so, wenn du regelmäßig übst, gelassener. Wie heißt es so schön: Yoga ist Meditation in Bewegung. Für das Rundum-Sorglos-Programm kannst du den Tag zum Beispiel mit der 10-Minuten-Atemmeditation beginnen und dann noch ein paar Sonnengrüße anhängen.

Der Sonnengruß ist ein Klassiker unter den Yogaübungen, es gibt ihn je nach Stil auch in unterschiedlichen Varianten. Wir zeigen dir eine klassische Ausführung, die gut für Anfänger geeignet ist. Bist du schon etwas erfahrener, kannst du selbstverständlich Variationen einbauen. Die 12 Asanas werden in einem Fluss und im Optimalfall auch 12-mal ausgeführt. Du kannst aber ganz auf dein Gefühl achten und die „Dosis" langsam steigern. Entsprechend dauert die Ausführung dann ungefähr zwischen 3 und 30 Minuten. Achte darauf, während der Asanas immer tief und ganz ruhig zu atmen.

1   Du stehst ganz aufrecht in der Berghaltung. Die Beine sind parallel und nur ein kleines Stückchen auseinander, die Arme sind seitlich am Körper und gestreckt. Dein ganzer Körper ist in Spannung. Du atmest tief ein und bringst die Hände über die Seite nach oben und dann in die Gebetshaltung vor die Brust. Dein Atem geht tief und du sammelst dich für einen Moment.

2   Jetzt atmest du ein und streckst die Hände nach hinten oben. Zieh die Schulterblätter zusammen, der Blick geht nach oben.

3   Beim Ausatmen kommst du in die Vorwärtsbeuge. Die Hände sind neben den Füßen am Boden bzw. die Fingerspitzen berühren den Boden. Der Bauch liegt auf den Oberschenkeln. Die Beine sind entweder gestreckt oder leicht gebeugt. Der Kopf ist ganz entspannt, du kannst ihn kurz von vorne nach hinten und von links nach rechts bewegen, um die Nackenmuskulatur zu lockern.

1 + 12

2

3 + 11

4 Du atmest wieder ein und streckst den rechten Fuß nach hinten auf den Boden in den Ausfallschritt. Das linke Knie ist gebeugt und steht senkrecht zum Knöchel. Deine Hände sind jeweils links und rechts neben dem linken Fuß aufgestellt, genau unter den Schultern. Dein Kopf hängt ganz locker, damit der Nacken entspannt bleibt. Du lässt den Rumpf nach unten sinken und gehst so weiter in die Dehnung.

5 Du atmest aus und bringst das linke Bein nach hinten in den Hinabschauenden Hund. Dein Körper befindet sich in einer V-Form: Die Arme und Beine sind gestreckt. Deine Finger sind gespreizt auf dem Boden, die Schultern ziehen weg von den Ohren. Dein Nacken ist entspannt, die Sitzbeinhöcker ziehen nach hinten oben und die Fersen Richtung Boden. In dieser Position kannst du kurz deine Beine und Hüften bewegen, indem du auf der Stelle trittst und so deine Beine zusätzlich dehnst.

6 Jetzt atmest du wieder ein und bringst deinen Körper nach vorne über deine Hände in die Brett-Position. Du hältst die Spannung im ganzen Körper: Die Arme sind gestreckt, dein Bauch und dein Rücken sind fest. Achte darauf, dass dein Po nicht durchhängt. Der Kopf ist gerade, der Blick geht nach unten.

7 Beim Ausatmen legst du Knie, Brust und Kinn langsam und vorsichtig auf dem Boden ab.

8 Du atmest wieder ein und legst den Bauch und die Fußrücken auf dem Boden ab. Deine Arme sind nah am Oberkörper, der Blick geht schräg nach unten vorne. Der Po, der Beckenboden und die Beine sind angespannt und du bewegst dich mit dem Oberkörper aus der Kraft des unteren Rückens etwas nach oben in die Kobra-Haltung.

9 Jetzt atmest du aus, setzt die Füße auf und kommst wieder in den Hinabschauenden Hund (**siehe Schritt 5**).

10 Beim Einatmen bringst du jetzt den rechten Fuß nach vorne zwischen die Hände in den Ausfallschritt (**siehe Schritt 4**).

11 Du atmest aus, bringst das linke Bein wieder nach vorne und kommst mit dem Oberkörper in die Vorwärtsbeuge (**siehe Schritt 3**).

12 Du atmest ein und kommst über die gestreckten Arme mit geradem Oberkörper nach oben. Du atmest aus und nimmst die Hände über die Seite in die Gebetshaltung vor die Brust (**siehe Schritt 1**).

Flexibel nach dem Sport oder langen Sitzen

Geht's dir auch so? Nach einem langen Arbeitstag ist der Kopf oft voller Gedanken. Gespräche und Situation werden nochmals durchgekaut und eine kleine Schreibmaschine im Kopf vervollständigt die To-Do-Liste für den nächsten Tag. Da hilft eine kleine Sporteinheit oft, auf andere Gedanken zu kommen und abzuschalten. Denn meistens bringt die Hektik im Kopf herzlich wenig, außer zusätzlichen Stress. Wir joggen abends gerne eine kleine Runde, um uns etwas auszupowern und wieder in Kontakt mit unserem Körper zu kommen. Danach ist Dehnen angesagt – und wie könnte man das besser als mit etwas Yoga? Joggen und Yoga sind einfach ein unschlagbares Traumpaar. Während man mit dem einen in Fahrt kommt, kann man danach mit dem anderen die beanspruchten Muskeln richtig schön dehnen und außerdem noch die Muskeln trainieren, die beim Joggen nicht so in Aktion treten.

Aber auch ohne vorherige Sporteinheit sind diese 11 Übungen eine tolle Sache. Wenn du dich verspannt oder nervös fühlst, bringen sie dich wieder zurück in deine Mitte. Wie bei allen Asanas ist auch hier der Atem der Schlüssel, um die alte, verbrauchte Energie loszulassen, und frische, neue Kraft zu tanken. Achte deshalb bei der Ausführung auf eine ruhige, gleichmäßige Atmung.

1 Du sitzt auf den Fersen und legst die Stirn auf dem Boden in der Kind-Haltung ab. Deine Arme sind nach vorne gestreckt und die Augen sind geschlossen. Du spürst in dich hinein und atmest für 5 Atemzüge ruhig ein und aus.

❯ Das dehnt die Rückseite deines Körpers und entspannt gleichzeitig die Rücken-, Schulter- und Nackenmuskulatur.

2 Jetzt atmest du aus und kommst nach oben in den Hinabschauenden Hund. Dein Körper befindet sich in einer V-Form: Die Arme und Beine sind gestreckt. Deine Finger sind gespreizt auf dem Boden, die Schultern ziehen weg von den Ohren. Dein Nacken ist entspannt, die Sitzbeinhöcker ziehen nach hinten oben und die Fersen Richtung Boden. Du hältst diese Position für 5 Atemzüge.

❯ Das kräftigt deine Arm- und Schultermuskeln und dehnt die Beinmuskulatur. Du dehnst deine Beine zusätzlich, indem du auf der Stelle trittst und deine Hüften mitbewegst.

1

2 + 4 + 6

3 Du stellst das rechte Bein mit Schwung nach vorne zwischen die beiden Hände. Das Knie ist gebeugt und steht senkrecht zum Knöchel. Das linke Bein ist lang nach hinten gestreckt, die Ferse liegt auf, der Fuß ist eingedreht und steht in einer Linie zum vorderen Bein. Komm mit dem Oberkörper hoch und stütz dich mit dem rechten Unterarm auf dem rechten Oberschenkel ab. Mit dem linken Arm ziehst du schräg nach vorne, der Kopf ist nach links gedreht. Du hältst diese Position für 5 Atemzüge. Mit jedem Einatmen ziehst du den Arm weiter nach schräg oben.

❯ Das dehnt deine Bein- und Gesäßmuskeln sowie deine Flanke. Gleichzeitig kräftigst du die Beinmuskulatur.

4 Du atmest aus und löst die Übung wieder auf, indem du die Hände nach unten bringst, das Bein nach hinten streckst und so wieder für 3 Atemzüge in den Hinabschauenden Hund kommst (**siehe Schritt 2**).

5 Seitenwechsel: Jetzt atmest du ein und stellst das linke Bein mit Schwung nach vorne zwischen die beiden Hände (**siehe Schritt 3**). Das Knie ist gebeugt und steht senkrecht zum Knöchel. Das rechte Bein ist lang nach hinten gestreckt, der Fuß ist leicht eingedreht und steht in einer Linie zum vorderen Bein. Komm mit dem Oberkörper hoch und stütz dich mit dem linken Unterarm auf dem linken Oberschenkel ab. Mit dem rechten Arm ziehst du schräg nach vorne, der Kopf ist nach rechts gedreht. Du hältst diese Position für 5 Atemzüge. Mit jedem Einatmen ziehst du mit dem Arm weiter nach schräg oben.

6 Du atmest aus und löst die Übung wieder auf, indem du die Hände nach unten bringst, das Bein nach hinten streckst und so für 3 Atemzüge wieder in den Hinabschauenden Hund kommst (**siehe Schritt 2**).

7 Du atmest ein und tippelst mit den Beinen nach vorne zwischen die Hände. Die Beine können etwas gebeugt sein. Du verschränkst hinter dem Rücken die Finger ineinander und streckst die Arme nach oben. Der Kopf hängt entspannt nach unten. Du hältst diese Position für 5 Atemzüge.

❯ Das dehnt deine Schulter- und Armmuskeln sowie die hinteren Oberschenkelmuskeln.

8 Jetzt atmest du aus und kommst langsam nach oben, die Arme hängen locker. Die Füße zeigen nach außen. Du nimmst die Arme über die Seite in die Gebetshaltung vor die Brust. Dann atmest du ein und kommst mit den Beinen in die Hocke, dein Rücken ist so gerade wie möglich. Du drückst mit den Ellbogen deine Knie noch weiter nach außen und hältst diese Übung für 5 Atemzüge.

❯ Das dehnt die Innenseiten deiner Oberschenkel.

9   Du atmest aus und lässt den Po langsam auf den Boden
    sinken. Die Beine sind angewinkelt und du legst dich vor-
    sichtig mit dem Rücken auf den Boden. Deine Arme lie-
    gen seitlich neben dem Körper. Dann nimmst du die
    Beine so nach oben, dass sich Ober- und Unterschenkel
    im 90°-Winkel zueinander befinden. Die Füße sind ge-
    flext. Du spannst den Bauch an und bewegst die Knie
    seitlich nach rechts, bis sie sich ungefähr im 45°-Winkel
    befinden. Du hältst sie dort für 3 tiefe Atemzüge. (Vari-
    ante: Je mehr deine Beine gestreckt sind, desto anstren-
    gender wird diese Übung).

❯   Das kräftigt die Bauchmuskeln.

10 Seitenwechsel: Jetzt bewegst du die Knie zur linken Seite
    und hältst sie hier für weitere 3 Atemzüge. Du wieder-
    holst den gesamten Übungsablauf mindestens 5-mal.

11 Du atmest aus und hebst die Beine, sodass die Fußsoh-
    len zur Decke zeigen. Du umfasst die Füße mit den Hän-
    den und ziehst sie vorsichtig nach unten. Der Blick geht
    entspannt nach oben. Du hältst diese Übung für mindes-
    tens 5 Atemzüge. Du kannst dich mit dem Rücken sanft
    hin und her wiegen, um ihn zu massieren.

❯   Das öffnet deine Hüfte und dehnt die Oberschenkel-
    rückseite.

12 Du atmest aus und stellst den rechten Fuß auf dem
    Boden ab. Du streckst das linke Bein nach oben und um-
    fasst mit beiden Händen die Kniekehle. Mit jedem Einat-
    men ziehst du es so weit wie möglich zu dir heran. Der
    Kopf und die Schultern sind leicht gehoben. Der Blick
    geht entspannt zum gestreckten Bein. Du hältst diese
    Übung für mindestens 5 Atemzüge. (Variante: Um noch
    mehr zu dehnen, kannst du mit den Händen dein Bein hi-
    nauf wandern. Wenn du gleichzeitig auch etwas für den
    Bauch tun willst, lässt du den Kopf und die Schultern auf
    dem Boden liegen und spannst den Bauch an.)

❯   Das dehnt die Oberschenkelrückseite und kräftigt die
    Beinmuskeln.

13 Seitenwechsel: Du stellst den linken Fuß auf dem Boden
    ab und streckst das rechte Bein nach oben. Du umfasst
    die Kniekehle mit beiden Händen und ziehst das Bein mit
    jedem Einatmen so weit wie möglich zu dir heran. Der
    Kopf und die Schultern sind leicht gehoben. Der Blick
    geht entspannt zum gestreckten Bein. Du hältst diese
    Übung für mindestens 5 Atemzüge.

14 Du atmest aus, streckst das rechte Bein nach vorne und
    hältst es mit geflextem Fuß knapp über dem Boden. Du
    umfasst das linke Knie mit den Händen und ziehst es
    nach unten an deinen Brustkorb heran. Du hältst es dort
    für mindestens 5 Atemzüge.

❯   Das dehnt die Leisten.

15 Seitenwechsel: Jetzt streckst du das linke Bein nach
    vorne und hältst es mit geflextem Fuß knapp über dem
    Boden. Du umfasst das rechte Knie mit den Händen und
    ziehst es nach unten an deinen Brustkorb heran. Du hältst
    es dort für mindestens 5 Atemzüge.

16 Für die Schlussentspannung stellst du zunächst beide
    Beine auf den Boden und streckst sie dann nach vorne
    aus. Dabei kannst du die Füße entspannt nach außen
    fallen lassen. Die Arme liegen seitlich neben dir, die
    Handflächen zeigen nach oben. Du schließt die Augen
    und atmest ganz entspannt ein und aus. Mit jedem
    Ausatmen lässt du deinen Körper weiter auf den Boden
    sinken.

17 Nach ein paar Minuten kommst du über die Seite in den
    Schneidersitz. Du bewegst deine Arme über die Seiten
    nach oben und hältst sie dann vor der Brust in der Ge-
    betshaltung. Du spürst kurz nach, wie sich dein Körper
    jetzt anfühlt. Namasté!

REZEPTE

BASICS

Gemüsefond

FÜR CA. 1 LITER

2 Zwiebeln
1 Bund Suppengrün
5 Knoblauchzehen
300 g unbehandelte Gemüse-
schalen und -reste
3 Lorbeerblätter
frisch gemahlener Pfeffer

ZUBEREITUNG: CA. 45 MIN

Die Zwiebeln ungeschält halbieren. Das Suppengrün waschen und in Stücke schneiden. Den Knoblauch abziehen und grob zerdrücken.

Die Zwiebeln mit den Schnittflächen nach unten in einen heißen Topf geben und dunkel bräunen. Die Gemüsereste, das Suppengemüse und die Knoblauchzehen zugeben, kurz mitrösten und mit 1½ Liter kaltem Wasser aufgießen. Die Lorbeerblätter zugeben, pfeffern und aufkochen lassen. Dann die Temperatur reduzieren und den Fond offen 30 Minuten köcheln lassen. Dabei entstehenden Schaum mit einer Schöpfkelle abschöpfen.

Den Fond durch ein Sieb abgießen. In sterilisierten Schraubgläsern abgefüllt hält er sich im Kühlschrank etwa zwei Wochen. Du kannst ihn aber auch einkochen oder portioniert in Gefrierbeuteln oder in Eiswürfelschalen einfrieren und bei Bedarf auftauen.

Würzbutter-Würfel

FÜR EINE EISWÜRFELFORM

3 Stängel Rosmarin
4 Stängel Oregano
½ Chilischote
2 Knoblauchzehen
75 g Butter

ZUBEREITUNG: 15 MIN + 10 STD TIEFKÜHLEN

Rosmarin, Chili und Oregano waschen und gut trocknen. Die Blättchen von Rosmarin und Oregano abzupfen und sehr fein hacken. Die Chilischote entkernen, den Knoblauch abziehen und beides ebenfalls sehr fein hacken.

Die Butter in einem Topf bei geringer Temperatur schmelzen, Chili, Rosmarin, Oregano und Knoblauch zugeben und 3 Minuten bei ausgeschaltetem Herd ziehen lassen. Dann die Butter in die Eiswürfelform geben. Abkühlen lassen und für 10 Stunden tiefkühlen.

Hühnerfond

FÜR CA. 1 LITER

1 Suppenhuhn (etwa 2,5 kg)
2 Zwiebeln
1 Bund Suppengrün
3 Knoblauchzehen
1 kleines Bund Petersilie
Salz
2 Lorbeerblätter
1 EL Pfefferkörner

ZUBEREITUNG: CA. 2 STD 10 MIN

Das Huhn gründlich von innen und außen abspülen. Bürzel (Fettdrüse am Schwanz) gegebenenfalls abschneiden. Die Zwiebeln ungeschält halbieren. Das Suppengrün waschen und in Stücke schneiden. Den Knoblauch abziehen und grob zerdrücken. Die Petersilie waschen und trockenschütteln.

Die Zwiebeln mit den Schnittflächen nach unten in einen heißen Topf geben und dunkel bräunen. Das Suppengemüse und die Knoblauchzehen zugeben und kurz mitrösten. Mit 1½ Liter kaltem Wasser aufgießen. Das Huhn dazugeben und gegebenenfalls mit Wasser auffüllen, bis das Huhn knapp bedeckt ist. Salzen und aufkochen lassen. Dabei entstehenden Schaum mit einer Schöpfkelle abschöpfen.

Petersilie, Lorbeerblätter und Pfefferkörner dazugeben. Alles bei geringer Temperatur 1½–2 Stunden offen köcheln lassen. Den Fond abseihen. In sterilisierten Schraubgläsern abgefüllt hält er sich im Kühlschrank etwa zwei Wochen. Du kannst ihn aber auch einkochen oder portioniert in Gefrierbeuteln oder in Eiswürfelschalen einfrieren und bei Bedarf auftauen.

Gekörnte Gemüsebrühe

FÜR EIN GLAS (CA. 150 ML)

350 g Karotten
75 g Sellerie
½ Stange Lauch
10 g Petersilie
100 g Salz

ZUBEREITUNG: 12 MIN + 7 STD TROCKNEN

Die Karotten und den Sellerie schälen und grob raspeln. Den Lauch waschen, halbieren und in feine Ringe schneiden. Die Petersilie waschen und trocknen. Im Dehydrator oder im Backofen bei 60–80°C (Umluft) und bei einem Spaltbreit geöffneter Ofentür 6–7 Stunden trocknen. Dabei immer wieder kontrollieren und bereits getrocknete Teile gegebenenfalls früher herausnehmen.

Das getrocknete Gemüse mit Salz in den Blitzhacker geben und fein vermahlen. In einem Schraubglas dunkel und trocken aufbewahrt, hält die Gemüsebrühe sich ca. ein Jahr.

Tipp: Für den Einsatz in der Küche je nach Geschmack mit dem Verhältnis Wasser und Gemüsebrühe experimentieren.

Orangen-Chili-Marinade

FÜR 2 PORTIONEN MARINIERTES

1 kleine Knoblauchzehe
1 Orange
3 EL Olivenöl
1 Msp. Chilipulver
2 TL Ahornsirup

ZUBEREITUNG: 10 MIN

Die Knoblauchzehe abziehen und fein hacken. Die Orange auspressen. Alles zusammen mit dem Chilipulver und dem Sirup in eine Schüssel geben und zu einer Marinade verrühren.

Knoblauch-Dattel-Marinade

FÜR 2–3 PORTIONEN MARINIERTES

2 kleine Knoblauchzehen
1 rote Chilischote
1 unbehandelte Zitrone
4 süße Datteln
  (zum Beispiel Medjool)
6 EL Olivenöl
1½ TL Salz

ZUBEREITUNG: 15 MIN

Die Knoblauchzehen abziehen und fein hacken. Die Chilischote waschen, gegebenenfalls entkernen und fein hacken. Die Zitrone heiß abwaschen, die Schale abreiben und den Saft auspressen. Die Datteln gegebenenfalls vom Stein lösen und fein hacken. Alles zusammen mit dem Olivenöl und dem Salz in eine Schüssel geben und zu einer Marinade verrühren.

Honig-Senf-Marinade

FÜR 2 PORTIONEN MARINIERTES

4 EL flüssiger Honig
4 EL mittelscharfer Senf
2 EL Thymianblättchen,
  frisch und gewaschen
1 TL Salz

ZUBEREITUNG: 5 MIN

Alle Zutaten in eine Schüssel geben und zu einer Marinade verrühren.

Erdnuss-Limetten-Marinade

FÜR 2 PORTIONEN MARINIERTES

2 saftige unbehandelte Limetten
4 EL Erdnussmus
2 TL Vollrohrzucker
2 Msp. Cayenne-Pfeffer
1 TL Salz

ZUBEREITUNG: 10 MIN

Die Limetten heiß waschen. Die Schale einer halben Limette abreiben. Beide Limetten auspressen. Saft und Schale zusammen mit dem Erdnussmus, dem Zucker, dem Pfeffer und dem Salz in eine Schüssel geben und zu einer Marinade verrühren.

Zum Marinieren eignet sich neben Tofu oder Hähnchen natürlich auch Gemüse. Hier verwendest du am besten festere Gemüse-Sorten wie zum Beispiel Kürbis, Spargel oder Karotten. Wenn möglich ist es optimal, die Lebensmittel über Nacht in einer geschlossenen Box im Kühlschrank durchziehen zu lassen. Wenn das nicht geht, tun es auch ca. 2 Stunden.

Feigen-Senf-Dressing

FÜR CA. 2 PORTIONEN SALAT

ZUBEREITUNG: CA. 5 MIN

1 getrocknete Feige
3 EL Olivenöl
1 EL Balsamicoessig
1 TL Dijon-Senf
1 TL Ahornsirup
Salz
frisch gemahlener Pfeffer

Die Feige in kleine Stücke schneiden. Zusammen mit dem Öl, dem Essig, dem Senf und dem Sirup in einen Blitzhacker geben und zu einer homogenen Masse pürieren. Mit Salz und Pfeffer abschmecken. Nach Belieben etwas Wasser zugeben, dann lässt sich das Dressing im Salat besser verteilen.

Joghurt-Orangen-Dressing

FÜR CA. 2 PORTIONEN SALAT

ZUBEREITUNG: CA. 5 MIN

1 Orange
4 EL Naturjoghurt (3,5 % Fett)
1 TL Honig
1 EL Haselnuss- oder Olivenöl
Salz
frisch gemahlener Pfeffer

Die Orange auspressen. Mit den restlichen Zutaten zu einem homogenen Dressing verrühren. Mit Salz und Pfeffer abschmecken. Nach Belieben etwas Wasser hinzugeben, dann lässt sich das Dressing im Salat besser verteilen.

Asia-Dressing

FÜR CA. 2 PORTIONEN SALAT

1 kleines Stück Ingwer
1 Limette
6–10 Stängel Koriander
1 TL Sojasauce
3 EL geröstetes Sesamöl
2 TL Agavendicksaft
1 Msp. Chilipulver
Salz

ZUBEREITUNG: CA. 5 MIN

Den Ingwer schälen und in Stücke schneiden. Die Limette auspressen. Den Koriander waschen, trockenschütteln, Blättchen abzupfen und fein hacken. Alles zusammen mit der Sojasauce, dem Sesamöl, dem Dicksaft und dem Chilipulver in einen Blitzhacker geben und zu einer homogenen Masse verrühren. Mit Salz abschmecken. Nach Belieben etwas Wasser hinzugeben, dann lässt sich das Dressing im Salat besser verteilen.

Buttermilch-Kirsch-Dressing

FÜR CA. 2 PORTIONEN SALAT

6–8 Kirschen
2 Stängel Rosmarin
100 ml Buttermilch
2 EL Raps- oder Olivenöl
Salz
frisch gemahlener Pfeffer
etwas Kirschsaft (nach Belieben)

ZUBEREITUNG: CA. 5 MIN

Die Kirschen waschen, halbieren und entsteinen. Den Rosmarin waschen, trockenschütteln und die Nadeln abzupfen. Die Kirschen und den Rosmarin zusammen mit der Buttermilch und dem Öl in einen Blitzhacker geben und zu einer homogenen Masse pürieren. Mit Salz und Pfeffer abschmecken. Nach Belieben etwas Wasser oder Kirschsaft zugeben, dann lässt sich das Dressing im Salat besser verteilen.

Aprikosen-Ketchup

FÜR 1 FLASCHE (CA. 400 ML)

½ Zwiebel
6–8 Aprikosen
150 g gelbe Tomaten
50 g Agavendicksaft
100 ml Apfelessig
1 TL Salz
weißer Pfeffer

ZUBEREITUNG: CA. 15 MIN + 30 MIN KOCHEN

Die Zwiebel abziehen und hacken. Die Aprikosen waschen, entkernen und würfeln. Die Tomaten waschen, den Stielansatz entfernen und würfeln. Alles zusammen mit dem Agavendicksaft, dem Essig und dem Salz in einen Topf geben und ca. 30 Minuten einkochen. Gegebenenfalls etwas Wasser zufügen, wenn die Masse zu zähflüssig wird. Mit Pfeffer abschmecken, pürieren und heiß in eine sterilisierte Flasche abfüllen. Im Kühlschrank hält sich der Ketchup 4–6 Wochen.

Ketchup BBQ-Style

FÜR 1 FLASCHE (CA. 400 ML)

300 g Tomaten
2 Knoblauchzehen
3 EL Vollrohrzucker
2 EL Sojasauce
2 EL Worcestersauce
2 EL Apfelessig
1 Msp. Chilipulver
etwas Rauchsalz

ZUBEREITUNG: CA. 10 MIN + 30 MIN KOCHEN

Die Tomaten waschen, den Stielansatz entfernen und würfeln. Die Knoblauchzehen abziehen und hacken. Alles zusammen mit Zucker, Sojasauce, Worcestersauce, Essig und Chili in einen Topf geben und ca. 30 Minuten einkochen. Mit dem Rauchsalz abschmecken, pürieren und heiß in eine sterilisierte Flasche abfüllen. Im Kühlschrank hält sich der Ketchup 4–6 Wochen.

Orangen-Mayonnaise

FÜR CA. 3 PORTIONEN

1 TL Senf
1 ganz frisches Eigelb
75 ml Rapsöl
Schale von ½ unbehandelten
   Orange
2 EL Orangensaft
Salz
frisch gemahlener Pfeffer

ZUBEREITUNG: CA. 15 MIN

Den Senf und das Eigelb in einen Rührbecher geben und mit den Quirlen des Handrührgeräts kurz verrühren. 15 g Öl unterrühren, bis sich Ei und Öl zu einer glatten Creme vermengt haben. Dann langsam das restliche Öl unter ständigem Rühren in einem dünnen Strahl einfließen lassen, bis eine dickliche, glatte Creme entsteht. Orangen-schale und -saft unterrühren und mit Salz und Pfeffer abschmecken. Sofort servieren.

Tipp: Das Eiweiß kannst du zum Beispiel in die Masse der saisonalen Omelettes (Rezepte Seite 116/117) zusätzlich dazugeben.

Kerbel-Aioli

FÜR CA. 3 PORTIONEN

1 Knoblauchzehe
4 Stängel Kerbel
   (ersatzweise Estragon oder Dill)
1 TL Senf
1 ganz frisches Eigelb
75 ml Rapsöl
Salz
weißer Pfeffer

ZUBEREITUNG: CA. 20 MIN

Die Knoblauchzehe abziehen und durch eine Knoblauch-presse drücken. Den Kerbel waschen, trockenschütteln und fein hacken.

Den Senf und das Eigelb in einen Rührbecher geben und mit den Quirlen des Handrührgeräts kurz verrühren. 15 g Öl unterrühren, bis sich Ei und Öl zu einer glatten Creme vermengt haben. Dann langsam das restliche Öl unter ständigem Rühren in einem dünnen Strahl einfließen lassen, bis eine dickliche, glatte Creme entsteht. Den Knob-lauch und den Kerbel unter die Mayonnaise heben. Mit Salz und wenig Pfeffer abschmecken. Sofort servieren.

Tipp: siehe oben

Sommer-Salsa
mit Melone und Gurke

FÜR 2 GLÄSER (À CA. 300 ML)

ZUBEREITUNG: 20 MIN

1 Mini-Gurke
500 g Wassermelone
1 Schalotte
50 ml Weißweinessig
50 ml Akazienhonig
½ TL Salz
50 ml frisch gepresster
   Blutorangensaft

Die Mini-Gurke halbieren, gegebenenfalls entkernen und fein würfeln. Die Wassermelone von der Schale lösen, entkernen und fein würfeln. Die Schalotte abziehen und fein hacken. Die Schalotte mit dem Weißweinessig, dem Akazienhonig und dem Salz in einen Topf geben, aufkochen lassen und 2 Minuten köcheln lassen. Den Blutorangensaft, die Gurken- und Wassermelonenwürfel zugeben und gut vermengen. In eine Schüssel füllen und servieren oder heiß in sterilisierte Schraubgläser füllen und verschließen.

Physalis-Senf

FÜR 1 GLAS (CA. 250 ML)

ZUBEREITUNG: 10 MIN + 40 MIN QUELLEN UND ABKÜHLEN

80 g gelbes Senfmehl
100 ml milder Apfelessig
   (< 5% Säure)
1 Msp. Salz
4 EL Ahornsirup
10–12 Physalis

Das Senfmehl und 100 ml Wasser in eine Schüssel geben und vermischen. Für 30 Minuten quellen lassen. Inzwischen das Salz und den Ahornsirup aufkochen und dann lauwarm abkühlen lassen. Mit dem Handrührgerät unter die Senfmehl-Mischung rühren. Sollte die Masse zu fest geworden sein, mehr Wasser zugeben.

Die Physalis von den Blättern trennen, waschen, halbieren und mit dem Senf mit einem Pürierstab glatt pürieren. Mit Ahornsirup und Salz abschmecken.

Zitronen-Quark

FÜR 2 PORTIONEN

6 Stängel Schnittlauch
80 g Quark (20% Fett)
2 EL Zitronensaft
abgeriebene Schale
  1 unbehandelten Zitrone
2 EL natives Olivenöl
Meersalz
weißer Pfeffer

ZUBEREITUNG: 10 MIN

Den Schnittlauch waschen, trockenschütteln und in feine Röllchen schneiden. Den Quark mit dem Zitronensaft, der abgeriebenen Zitronenschale und dem Olivenöl mischen. Mit Salz und Pfeffer abschmecken, in ein Schälchen füllen und servieren.

Asiadip mit Koriander

FÜR 2 PORTIONEN

6 Stängel Koriander
2 cm Ingwer
1 Frühlingszwiebel
½ Stängel Zitronengras
1 Limette
1 Saftorange
1 TL Vollrohrzucker

ZUBEREITUNG: 25 MIN

Den Koriander waschen, trockenschütteln und die Blättchen abzupfen. Den Ingwer schälen und grob hacken. Die Frühlingszwiebel und das Zitronengras waschen, die Enden abschneiden und das Zitronengras mit einem Fleischklopfer oder einem Nudelholz platt klopfen. Beides grob in Stücke schneiden. Die Limette heiß abspülen und mit einem Zestenreißer die Haut abreiben. Die Orange auspressen. Alles in einen Rührbecher geben und mit dem Pürierstab sehr fein pürieren. In ein Schälchen füllen und servieren.

Rucola-Pesto

FÜR 1 GLAS (CA. 150 ML)

ZUBEREITUNG: 15 MIN

150 g Rucola
50 g Pinienkerne
100 ml Olivenöl

Den Rucola waschen, trockenschütteln und grob hacken. Die Pinienkerne in einer Pfanne ohne Fett hellbraun anrösten. Den Rucola, die Pinienkerne und das Öl in einen Rührbecher geben und glatt pürieren. Das Pesto in ein sterilisiertes Schraubglas füllen, mit Öl bedecken und im Kühlschrank aufbewahren. Das Pesto hält sich bis zu 2 Wochen.

Grünkohl-Pesto

FÜR 1 GLAS (CA. 150 ML)

ZUBEREITUNG: 20 MIN

100 g Grünkohl
½ Zitrone
50 g Haselnüsse
50 g Pecorino
100 ml Rapsöl
frisch gemahlener Pfeffer

Den Grünkohl waschen, den Strunk entfernen und die Blätter klein zupfen oder schneiden. Die Zitrone auspressen. Die Haselnüsse im Blitzhacker zerkleinern. Den Pecorino in kleine Stücke schneiden. Alle Zutaten in einen Rührbecher oder portionsweise in den Blitzhacker geben und cremig pürieren. Mit Pfeffer abschmecken. In ein sterilisiertes Schraubglas füllen, mit Öl bedecken und im Kühlschrank aufbewahren. Das Pesto hält sich bis zu 2 Wochen.

Petersilien-Pesto

FÜR 1 GLAS (CA. 150 ML)

ZUBEREITUNG: 20 MIN

50 g Cashewkerne
1 Bund Petersilie
1 Knoblauchzehe
100 ml Rapsöl
50 g Parmesan, fein gerieben
Salz
frisch gemahlener Pfeffer

Die Cashewkerne in der Pfanne ohne Fett hellbraun rösten, abkühlen lassen. Die Petersilie waschen, trockenschütteln und die Blätter abzupfen. Den Knoblauch abziehen und grob hacken.

Alle Zutaten bis auf den Parmesan im Blitzhacker fein pürieren, dann den Parmesan unterheben und mit Salz und Pfeffer abschmecken. In ein sterilisiertes Schraubglas füllen, mit Öl bedecken und im Kühlschrank aufbewahren. Das Pesto hält sich bis zu 2 Wochen.

Saisonale Marmeladen

GLUTEN-FREI · LAKTOSE-FREI · VEGAN · VEGGY

Frühling

Erdbeer-Rhabarber

FÜR 2 GLÄSER (À CA. 250 ML)

250 g Rhabarber, 250 g Erdbeeren, 250 g Vollrohrzucker,
10 g Apfelpektin

ZUBEREITUNG: 30 MIN + 1 STD RUHEN

Den Rhabarber und die Erdbeeren waschen und putzen. Das
Obst in 1 cm große Stücke würfeln und mit 200 g Zucker vermengen. Abgedeckt eine Stunde beiseite stellen.

Den restlichen Zucker mit dem Pektin mischen. Die Früchte
in einen Topf geben, aufkochen und bei mittlerer Temperatur 3–4 Minuten köcheln lassen. Die Zucker-Pektin-Mischung
unter Rühren einstreuen und weitere 1–2 Minuten köcheln.
Die Marmelade in sterilisierte Gläser füllen und sofort verschließen.

Sommer

Johannisbeere

FÜR 1 GLAS (CA. 350 ML)

250 g rote Johannisbeeren, 120 g Vollrohrzucker

ZUBEREITUNG: 30 MIN + 1 STD RUHEN

Die Johannisbeeren vorsichtig waschen, von den Rispen
lösen und trocknen. In einer Schale mit dem Zucker vermengen und eine Stunde auszuckern lassen.

Die Früchte in einen Topf geben, aufkochen und bei mittlerer Temperatur unter gelegentlichem Rühren 20 Minuten köcheln lassen. Die Johannisbeerkonfitüre heiß in ein sterilisiertes Glas füllen und verschließen.

Herbst

Birne-Mango

FÜR 2 GLÄSER (À CA. 300 ML)

1 Mango, 2 Birnen, 100 g Vollrohrzucker, 2 EL Pektin

ZUBEREITUNG: 30 MIN

Die Mango schälen, vom Stein lösen und klein würfeln. Die Birnen waschen, schälen, entkernen und ebenfalls klein würfeln. Den Zucker mit 50 ml Wasser in einen Topf geben, unter Rühren aufkochen, bis der Zucker sich aufgelöst hat und dann die Hälfte des Obstes dazugeben.

Für 2–3 Minuten weich garen, dann mit einem Pürierstab zu einer glatten Masse pürieren und die andere Hälfte Obstwürfel dazugeben. 4 Minuten köcheln lassen, dann 2 EL Flüssigkeit aus dem Topf abnehmen und mit Pektin verrühren. Unter Rühren in den Topf geben und 1 Minute aufkochen. Dann in ein sterilisiertes Glas abfüllen und sofort verschließen.

Winter

Winter-Apfel

FÜR 2 GLÄSER (À CA. 250 ML)

4 aromatische Äpfel, 270 g Vollrohrzucker, 50 ml Apfelessig, 1 Kardamomkapsel, ½ Zimtstange, 2 Nelken, 1 Sternanis, 2 Pimentkörner, 1 EL Pektin

ZUBEREITUNG: 35 MIN

Die Äpfel mit einem Entsafter entsaften. Den Apfelsaft mit 250 g Zucker in einen Topf geben, erwärmen und den Zucker darin auflösen. Den Essig zugeben und die Masse aufkochen.

Die Kardamomkapsel im Mörser anstoßen, mit den anderen Gewürzen zum Apfelsaft geben und 10 Minuten unter gelegentlichem Rühren köcheln lassen. Das Pektin mit dem restlichen Zucker vermischen, unter Rühren zum Apfelsaft geben und ca. 1 Minute kochen. Dann die Gelierprobe machen. Wenn die Temperatur 140,5 °C erreicht hat, geliert die Masse. Dann durch ein Sieb in sterilisierte Gläser füllen und sofort verschließen.

Saisonale Chutneys

Frühling
Apfel-Rhabarber-Chili

FÜR 1 GLAS (CA. 250 ML)

1 Apfel, 1 kleine weiße Zwiebel, 2 Stangen Rhabarber, 1 kleine grüne Chilischote, 50 g Agavendicksaft, 50 ml Apfelessig, 1 TL Salz

ZUBEREITUNG: 40 MIN

Apfel vierteln, schälen, entkernen und mittelgroß würfeln. Zwiebel schälen und fein würfeln. Rhabarber waschen, putzen, evtl. holzige Fasern abziehen und mittelgroß würfeln. Chili waschen, Samen und Scheidewände entfernen und sehr fein hacken. Die Hälfte des Rhabarbers mit dem Agavendicksaft in einen Topf geben und bei mittlerer Temperatur 10 Minuten unter gelegentlichem Rühren offen einkochen. 2 Minuten vor Schluss den restlichen Rhabarber dazugeben. In ein sterilisiertes Glas füllen.

Sommer
Nektarine-Tomate

FÜR 2 GLÄSER (À CA. 200 ML)

2 Nektarinen (300 g), 300 g gelbe Tomaten, 1 weiße Zwiebel, 50 g Vollrohrzucker, 50 ml Weißweinessig, ½ TL Salz, weißer Pfeffer

ZUBEREITUNG: 40 MIN

Nektarinen waschen, trocknen, vom Kern lösen und mittelgroß würfeln. Tomaten waschen, trocknen, vierteln und entkernen, mittelgroß würfeln. Zwiebel schälen und fein würfeln. Alle Zutaten bis auf den Pfeffer in einen Topf geben, aufkochen und 30 Minuten bei geringer Temperatur unter gelegentlichem Rühren offen köcheln lassen. Mit Pfeffer abschmecken und in sterilisierte Gläser füllen.

Herbst
Pflaume-Dattel-Ingwer

FÜR 1 GLAS (CA. 200 ML)

3 Pflaumen, ½ rote Zwiebel, 4 entsteinte Soft-Datteln, 1 cm Ingwer, 5 EL Ahornsirup, 100 ml Aceto Balsamico Rosso, ½ TL Zimt

ZUBEREITUNG: 40 MIN

Pflaumen waschen, entsteinen und 1 cm groß würfeln. Zwiebel schälen und mit den Datteln fein würfeln. Ingwer schälen und fein hacken. Alle Zutaten in einen Topf geben und bei mittlerer Temperatur unter gelegentlichem Rühren 30 Minuten dicklich einköcheln lassen. In ein sterilisiertes Glas füllen.

Winter
Ananas-Rettich-Galgant

FÜR 2 GLÄSER (À CA. 200 ML)

½ Ananas, 1 mittelgroßer schwarzer Rettich, 2 cm Galgant (frisch, ersatzweise Ingwer), 1 Stängel Zitronengras, 50 ml Zitronensaft, 30 ml Weißweinessig, 50 g Kokosblütenzucker, 15 g gehackte Korianderblätter, Salz, weißer Pfeffer

ZUBEREITUNG: 40 MIN

Ananas vierteln, den Strunk entfernen, schälen und 1 cm groß würfeln. Rettich schälen und klein würfeln. Galgant schälen und sehr fein hacken. Zitronengras putzen, platt klopfen und anschließend sehr fein hacken. Alle Zutaten bis auf den Koriander in einem Topf aufkochen und bei geringer Temperatur zugedeckt 30 Minuten weich schmoren. Koriander zufügen, mit Salz und Pfeffer abschmecken und in sterilisierte Gläser füllen.

Saisonale Aufstriche

Frühling

Pistazie-Bärlauch-Kichererbse

FÜR 150 G

25 g Pistazien, 10 g Bärlauch, ½ Zitrone, 100 g gekochte Kichererbsen, 25 g Öl, Salz, frisch gemahlener Pfeffer

ZUBEREITUNG: 15 MIN

Pistazien in einer Pfanne ohne Fett anrösten. Bärlauch waschen, trockenschütteln und klein hacken. Zitrone auspressen. Zitronensaft mit Bärlauch, Pistazien, Kichererbsen und Öl mit dem Pürierstab zu einer homogenen Masse pürieren. Mit Salz und Pfeffer abschmecken, in ein sauberes Glas abfüllen und im Kühlschrank aufbewahren. Zum Servieren nach Belieben mit grob gehacktem Bärlauch bestreuen.

Sommer

Basilikum-Frischkäse

FÜR 250 G

400 g griechischer Joghurt (10 % Fett), 1 Handvoll Basilikumblätter, Salz

ZUBEREITUNG: 10 MIN + ÜBER NACHT ABTROPFEN

Ein Sieb mit einem Leinentuch auslegen und eine Schüssel darunter stellen. Griechischen Joghurt hineingeben und über Nacht im Kühlschrank abtropfen lassen. Die Restflüssigkeit rausdrücken. Basilikumblätter waschen, trocknen und sehr fein hacken. Den entstandenen Frischkäse mit Basilikum vermengen und mit Salz abschmecken. In ein sauberes Glas abfüllen. So hält sich der Frischkäse im Kühlschrank ca. 1 Woche.

Herbst

Preiselbeer-Zitrone

FÜR 500 G

250 g frische Preiselbeeren (alternativ frische Cranberrys), 50 g Vollrohrzucker, 1 gestrichener EL Pektin, 1 EL Zitronensaft 1 kleine Schalotte, 1 Apfel, 1 EL Rapsöl, 100 ml Rotwein 2 Nelken,

ZUBEREITUNG: 35 MIN + 15 MIN MARMELADE KOCHEN

Beeren waschen, mit etwas Wasser aufkochen bis sie platzen. Zucker, Pektin und Zitronensaft zugeben und 3 Minuten köcheln lassen. Die Preiselbeermarmelade heiß in einem sterilisierten Glas (ca. 250 ml) abfüllen.

Schalotte abziehen und fein hacken. Apfel waschen, schälen, entkernen und fein würfeln. Öl in einem Topf erhitzen, Schalotten anbraten, Apfel kurz mitbraten und mit Rotwein ablöschen. Die Nelken zugeben, zugedeckt 10–15 Minuten weich garen. Die Nelken herausnehmen, 2 EL Marmelade zugeben und stückig pürieren. In ein sauberes Glas füllen.

Winter

Maroni-Apfel

FÜR 150 G

100 g Maronen, 75 g saure Sahne, 1 EL Apfelmark, Salz, Pfeffer

ZUBEREITUNG: 40 MIN

Maronen kreuzartig einritzen. In einem Topf knapp mit Wasser bedecken und zugedeckt 15–20 Minuten köcheln lassen. Abgießen, abkühlen lassen und schälen. Mit saurer Sahne und Apfelmark grob pürieren. Mit Salz und Pfeffer abschmecken und in ein sauberes Glas füllen. So hält sich der Frischkäse im Kühlschrank ca. 1 Woche.

Dinkel-Buchweizen-Brötchen

FÜR 8 BRÖTCHEN

Vorteig
200 g Dinkelvollkornmehl
1 g Hefe

Hauptteig
140 ml Vollmilch (3,5 % Fett)
250 g Dinkelvollkornmehl
50 g Buchweizenmehl
4 g frische Hefe
10 g Salz
1 TL Walnussöl

Schamott- oder Pizzastein
(nach Belieben)

Diese Brötchen kannst du auch super für die Burger von Seite 154-157 verwenden. Dafür dann entsprechend runde Brötchen formen. Wenn du einen etwas herberen Geschmack bevorzugst, ersetzt du das Buchweizenvollkornmehl durch Kastanienmehl.

ZUBEREITUNG: 40 MIN + 24 STD RUHEN + 20 MIN BACKEN

Für den Vorteig alle Zutaten mit 200 ml Wasser mit einem Löffel verrühren und ca. 20 Stunden bei Raumtemperatur abgedeckt ruhen lassen. Am Ende hat sich das Teigvolumen verdoppelt.

Für den Hauptteig 120 ml Milch, die Mehle und die Hefe zum Vorteig geben und 5 Minuten mit den Knethaken des Handrührgeräts bei geringer Geschwindigkeit kneten. Den dabei entstehenden klebrigen Teig unter schnellerem Kneten 5 Minuten mit den Knethaken weiterkneten und die restliche Milch in einem sehr dünnen Strahl einrühren. Nach 5 Minuten zunächst Salz, dann Öl zugeben und je 2 Minuten kneten. Der Teig ist am Ende schwach klebend und mittelfest, er lässt sich gut vom Schüsselrand lösen.

Den Teig luftdicht verschließen und 1 Stunde bei Raumtemperatur gehen lassen. Dann den Teig kurz von Hand durchkneten und 8 Teigportionen abstechen. Jeweils zu einer Kugel formen, diese flach auf eine bemehlte Arbeitsplatte drücken und walken. Dazu das Teigstück von hinten eng zylinderförmig aufrollen, dabei immer wieder den Teig von hinten greifen und nach vorne aufrollen und in das vorne liegende Teig-Ende leicht eindrücken. Die Teiglinge dann mit der glatten Fläche nach oben zeigend auf ein bemehltes Backpapier setzen und 3 Stunden im Kühlschrank im obersten Fach gehen lassen.

Wer einen Schamott- oder Pizzastein hat, sollte diesen ca. 1 Stunde vor dem Backen vorheizen. Ohne Stein reicht es, den Backofen 20 Minuten vorher auf 230 °C vorzuheizen.

Die Brötchen mit der glatten Fläche nach unten zeigend auf ein Backpapier legen. Im Backofen 10 Minuten auf der mittleren Schiene mit Dampf backen. Dazu 100 ml Wasser auf den Ofenboden gießen und die Ofentür sofort schließen, wenn die Brötchen im Ofen sind.

Nach den ersten 10 Minuten Backzeit die Ofentür öffnen, die feuchte Luft entweichen lassen und die Temperatur auf 210 °C reduzieren. Weitere 5 Minuten backen, dann für die letzten 5 Minuten die Ofentür mithilfe eines Kochlöffels einen Spalt aufstellen. Die Brötchen aus dem Ofen nehmen und auf einem Gitterrost auskühlen lassen.

Dinkel-Roggen-Sauerteigbrot

FÜR 1 LAIB BROT

Vorteig
30 g Roggenvollkornmehl
5 g Roggensauerteig
 (am besten frisch vom Bäcker)
300 g Dinkelvollkornmehl

Hauptteig
150 g Roggenvollkornmehl
10 g Frischhefe
10 g Honig
10 g Salz
1 TL Süßrahmbutter

Dinkelmehl für die Arbeitsfläche
Schamott- oder Pizzastein
Gärkorb (nach Belieben)

ZUBEREITUNG: CA. 30 MIN + 20 STD 15 MIN RUHEN + 45 MIN BACKEN

Für den Vorteig Roggenvollkornmehl, 50 ml Wasser und Roggensauerteig vermischen und gut durchrühren. Den Sauerteig in einer Schüssel abgedeckt zimmerwarm 18 Stunden ruhen lassen. Dann Dinkelmehl und 200 ml Wasser glatt rühren und 30 Minuten abgedeckt stehen lassen.

Den Vorteig, die Dinkelmehl-Wasser-Mischung und die Zutaten für den Hauptteig mit 60 ml Wasser in eine Schüssel geben und die Masse mit den Knethaken des Handrührgeräts 5 Minuten bei mittlerer Stufe und danach 5 Minuten auf hoher Stufe durchkneten. Der Teig sollte noch leicht kleben. Mit Frischhaltefolie abdecken und 1 Stunde gehen lassen.

Danach den Teig auf einer bemehlten Arbeitsplatte mit den Händen kurz durchkneten und zu einem länglichen Teig formen. Diesen in einen länglichen bemehlten Gärkorb setzen oder auf der Arbeitsplatte lassen und luftdicht abdecken. Für 45 Minuten bei Raumtemperatur gehen lassen.

Den Schamott- oder Pizzastein im Backofen 1 Stunde auf 250 °C vorheizen. Ohne Schamottstein reicht es, den Backofen 20 Minuten vor dem Backen aufzuheizen.

Den gegangenen Teig auf ein Backpapier geben und das überschüssige Mehl mit der Hand entfernen. Mit einem scharfen Messer längs im sehr flachen Winkel einen langen Schnitt über ca. die Hälfte des Brotes setzen. Dabei zum oberen Rand einen Abstand von 2–3 cm halten. Einen zweiten Schnitt über die andere Hälfte des Brotes tätigen. Dieser startet parallel zum ersten Schnitt auf dessen unterem Drittel und reicht bis 2 cm vor den unteren Rand.

Den Teig auf ein Backblech oder den Pizzastein geben und im Backofen auf der mittleren Schiene 10 Minuten mit Dampf backen. Dazu 100 ml Wasser auf den Ofenboden gießen, nachdem das Brot im Ofen ist, und die Tür sofort schließen. Nach den ersten 10 Minuten Backzeit die Tür öffnen und die feuchte Luft entweichen lassen, die Temperatur auf 220 °C reduzieren. Weitere 30 Minuten backen, dann für die letzten 5 Minuten die Tür mithilfe eines Kochlöffels einen Spalt aufstellen, damit das Brot eine knackige Kruste bekommt. Auf einem Gitterrost auskühlen lassen.

GETRÄNKE

Aromatisiertes Wasser

Blüten-Eiswürfel

FÜR 1 LITER

10 schöne Blüten nach Wahl

ZUBEREITUNG: 5 MIN + 5 STD KÜHLEN

Für die Blüten-Eiswürfel in einen Eiswürfelbehälter verschiedene essbare Blüten nach Wahl geben (zum Beispiel Gänseblüten, verschiedenfarbige Stiefmütterchen, Rosen), mit Wasser aufgießen und tiefkühlen. Je 2–3 Eiswürfel in 4 Gläser verteilen und mit je 250 ml Wasser auffüllen.

Gurken-Limetten-Ingwer

FÜR 1 LITER

2 cm Ingwer, 1 Limette, ¼ Gurke

ZUBEREITUNG: 10 MINUTEN

Den Ingwer schälen, die Limette und die Gurke waschen und mit Schale in feine Scheiben schneiden. In eine Karaffe geben und mit 1 Liter Wasser auffüllen.

Melone-Minze

FÜR 1 LITER

2–3 Stängel Minze, 100 g Melone

ZUBEREITUNG: 5 MINUTEN

Die Melone in feinere Schlitze schneiden und die gewaschene Minze am Stängel lassen. In eine Karaffe geben und mit 1 Liter Wasser auffüllen.

Zitronenmelisse-Himbeere

FÜR 1 LITER

1 Handvoll Himbeeren, 3–4 Stängel Zitronenmelisse

ZUBEREITUNG: 5 MINUTEN

Die gewaschenen Himbeeren ganz lassen und die gewaschene Zitronenmelisse am Strunk lassen. In eine Karaffe geben und mit 1 Liter Wasser auffüllen.

Hier sind deiner Kreativität keine Grenzen gesetzt. Im Prinzip kann jede aromatische Art von Kräutern, Obst- und Gemüsesorten in den Wasserkrug wandern. Wenn dieser ausgetrunken ist, kommen sie dann einfach in den Mixer als Beigabe für den nächsten Smoothie (Rezepte Seite 94/95).

Saisonale Smoothies

Frühling

Wildkräuter-Avocado-Matcha

FÜR 2 PORTIONEN

50 g Brennnesselblätter, 50 g Gierschblätter, ½ Avocado,
2 Datteln, entkernt, ½ unbehandelte Limette mit Schale,
2 EL Leinöl, ½ TL Matchapulver, 200 ml Birnendirektsaft

ZUBEREITUNG: 10 MIN

Brennnessel- und Gierschblätter vorsichtig waschen (siehe
Seite 46). Avocado vom Kern befreien und das Fruchtfleisch
herauslösen. Datteln und Limette klein schneiden.

Alle Zutaten in den Mixer geben, mit Wasser auffüllen, bis
alle Zutaten mit Flüssigkeit bedeckt sind, und zu einer samtigen Masse mixen. Falls nötig Wasser hinzufügen, bis die
gewünschte Konsistenz erreicht ist. Dabei immer wieder
durchmixen.

Sommer

Chia-Beeren-Joghurt

FÜR 2 PORTIONEN

1 EL Chia-Samen, 50 ml Kokosmilch, je 75 g Heidelbeeren,
Himbeeren und Brombeeren, ¼ unbehandelte Zitrone mit
Schale, 100 g Naturjoghurt (3,5 % Fett)

ZUBEREITUNG: 40 MIN

Chia-Samen in der Kokosmilch eine halbe Stunde einweichen, bis ein Gel entstanden ist.

Die Beeren waschen, die Zitrone klein schneiden. Alle Zutaten in den Mixer geben, mit Wasser auffüllen, bis alle Zutaten mit Flüssigkeit bedeckt sind, und zu einer samtigen Masse
mixen. Falls nötig Wasser hinzufügen, bis die gewünschte
Konsistenz erreicht ist. Dabei immer wieder durchmixen.

Vegane Variante: Statt Naturjoghurt kannst du auch deinen
Lieblingspflanzenjoghurt verwenden.

Herbst

Rote-Bete-Ingwer-Hagebutten

FÜR 2 PORTIONEN

1 große Karotte, 1 Birne, 1 Apfel, 150 g Rote Bete, gekocht,
1 cm Ingwer, 3 Hagebutten (nach Belieben), 1 EL Hanfsamen

ZUBEREITUNG: 10 MIN

Karotte, Birne und Apfel waschen. Alle Zutaten bis auf die
Hanfsamen klein schneiden (gerne mit Gehäuse).

Alle Zutaten in den Mixer geben, mit Wasser auffüllen, bis
alle Zutaten mit Flüssigkeit bedeckt sind, und zu einer samtigen Masse mixen. Falls nötig Wasser hinzufügen, bis die
gewünschte Konsistenz erreicht ist. Dabei immer wieder
durchmixen.

Winter

Grünkohl-Ananas-Manuka

FÜR 2 PORTIONEN

50 g Grünkohl, ¼ Bund Petersilie, ½ Stange Sellerie,
½ Banane, 100 g Ananas, 1 EL Agavensirup, 1 EL Aloe-Saft

ZUBEREITUNG: 10 MIN

Grünkohl, Petersilie und Sellerie waschen und klein schneiden. Banane und Ananas schälen und klein schneiden. Alle
Zutaten in den Mixer geben, mit Wasser auffüllen, bis alle
Zutaten mit Flüssigkeit bedeckt sind, und zu einer samtigen
Masse mixen. Falls nötig Wasser hinzufügen, bis die gewünschte Konsistenz erreicht ist. Dabei immer wieder durchmixen.

Detox-Smoothie

FÜR 2 PORTIONEN

1 Bund Koriander
1 Limette
¼ reife Ananas
1 Stange Sellerie
1 cm Ingwer
1 großer Apfel
¼ TL Chlorella-Pulver
   nach Belieben

ZUBEREITUNG: 10 MIN

Den Koriander waschen, trockenschütteln und grob hacken. Harte Stiele vorher entfernen. Die Limette und die Ananas waschen und schälen. Den Sellerie und den Ingwer waschen und klein schneiden. Den Apfel waschen und klein schneiden (gerne auch mit Gehäuse).

Alle Zutaten in den Mixer geben. Mit Wasser auffüllen, bis alle Zutaten mit Flüssigkeit bedeckt sind. Das Chlorella-Pulver hinzugeben und zu einer samtigen Masse mixen. Falls nötig Wasser hinzufügen, bis die gewünschte Konsistenz erreicht ist. Dabei immer wieder durchmixen.

Koriander ist supergesund und wirkt antientzündlich. (Wenn du Koriander gar nicht magst, kannst du ihn in diesem Rezept auch durch Petersilie austauschen.) Die Chlorella-Alge ist optimal für die Ausleitung geeignet. Der Ingwer verstärkt die Wirkung sogar noch und wirkt verdauungsanregend. Die Ananas unterstützt deinen Stoffwechsel und entsäuert, während der Sellerie antioxidativ wirkt. Der Smoothie ist also perfekt, um deinem Körper zwischendurch einen Frühjahrsputz zu gönnen.

Grüner Smoothie
mit Borretsch

FÜR 2 PORTIONEN

75 g Feldsalat
40 g Borretsch
1 Avocado
100 ml Apfeldirektsaft

ZUBEREITUNG: 10 MIN

Den Feldsalat und den Borretsch waschen. Die Avocado schälen und vom Kern lösen. Mit dem Apfelsaft in den Mixer geben und zu einer samtigen Masse mixen.

So viel Wasser hinzufügen, bis die gewünschte Konsistenz erreicht ist. Dabei immer wieder durchmixen. Dann in zwei Gläser abfüllen und genießen.

Borretsch – noch nie gehört? Dann wird's aber Zeit. Du kannst Borretsch gut an Wiesenrändern ernten, aber auch im Garten oder auf dem Balkon selbst anpflanzen. Wegen seinem intensiven Gurken-Geschmack (daher auch sein Zweitname Gurkenkraut) macht er sich nicht nur sehr fein in leckeren Smoothies, sondern auch hübsch auf Salattellern. Er sollte möglichst frisch verwendet werden, sonst verliert er sein Aroma.

Goji-Tee

FÜR 2 TASSEN

5 cm Ingwer
½ unbehandelte Zitrone
2 EL Goji-Beeren
1 Zimtstange

ZUBEREITUNG: 15 MIN

Den Ingwer schälen, die Zitrone heiß waschen und alles in feine Scheiben schneiden. Mit den Goji-Beeren, der Zimtstange und 500 ml Wasser aufkochen und 10 Minuten kochen lassen.

Abseihen und servieren. Die Zutaten aufheben und nach Belieben ein zweites Mal aufgießen.

Chai aus Nussmilch

FÜR 1 KANNE TEE (CA. 1 LITER)

30 g Nüsse (zum Beispiel
   Haselnüsse, Mandeln)
1 Zimtstange
1 Vanillestange
4 Gewürznelken
4 schwarze Pfefferkörner,
   nach Belieben
2 Kardamomsamen
6 g Assam-Tee

**ZUBEREITUNG: 35 MIN
+ ÜBER NACHT QUELLEN LASSEN + 10 MIN RÖSTEN**

Die Nüsse im Backofen bei 140 °C 10 Minuten rösten, abkühlen lassen und über Nacht in 400 ml Wasser quellen lassen. Dann fein pürieren und durch ein Haarsieb oder ein Passiertuch abseihen.

Die Zimt- und die Vanillestange klein hacken. Mit den Gewürznelken, dem Pfeffer und den Kardamomsamen in 600 ml Wasser aufkochen und 15 Minuten köcheln lassen. Den Tee zugeben, aufkochen, 3 Minuten ziehen lassen und durch ein Sieb abgießen. Die Pflanzenmilch erwärmen und etwas aufschäumen. In ein Glas füllen und mit dem Chai aufgießen.

Die selbst gemachte Pflanzenmilch ist eine tolle Alternative zu Kuhmilch. Du kannst sie für das Saisonale Granola (Rezepte Seite 106/107), das Bircher-Freestyle-Müesli (Rezept Seite 108/109) und nach Belieben verwenden.

Kakao aus Kakaobohnen

FÜR 2 TASSEN KAKAO

40 g rohe Kakaobohnen
1 EL Vollrohrzucker

ZUBEREITUNG: 60 MIN

Die Bohnen in einer Pfanne bei mittlerer Temperatur 20–30 Minuten unter Rühren rösten. Einzelne Bohnen gegebenenfalls früher aus der Pfanne entnehmen, denn sie dürfen nicht zu schwarz werden.

Die Bohnen leicht zwischen den Fingern drücken, sodass der Kern (Kakaonib) aus der Schale fällt. Die Kakaonibs in einem Mörser zermahlen, bis eine breiig-cremige Paste entstanden ist. Diese wird trocken, wenn sie längere Zeit stehen bleibt. Mit dem Zucker mischen und in 500 ml heißes Wasser oder heiße (Pflanzen-)Milch geben, durch Rühren auflösen.

Genmaicha-Tee

FÜR 100 G TEE

50 g brauner Reis
50 g Bancha- oder Senchablätter
4 gestrichene TL Matchapulver

ZUBEREITUNG: 15 MIN

Den Reis in einen Topf bei mittlerer Temperatur 10 Minuten unter Rühren braun anrösten (gegebenenfalls puffen einzelne Reiskörner auf), abkühlen lassen. Mit Bancha und Matcha in eine Dose füllen und gut durchschütteln.

Zur Zubereitung 3 g Tee bei 80 °C aufbrühen und 1 Minute ziehen lassen. Der Tee kann zwei weitere Male aufgegossen werden. Dann jeweils 30 Sekunden ziehen lassen.

Tadaaa – vier Rezepte, die ein mehr als würdiger Kaffee-Ersatz sind. Mit einem Isolierbecher mit passendem Deckel funktionieren sie auch To Go. Den Kaffee kannst du dir darin natürlich abfüllen lassen. Das spart auf Dauer Unmengen an Pappbechern und Plastikdeckeln. Abends ist er fix ausgespült und am nächsten Tag wieder bereit für den nächsten Einsatz.

FRÜHSTÜCK

Frühstücksgalette

FÜR 2 PORTIONEN

Teig
125 g Buchweizenmehl
½ TL Salz
1 Ei (Größe M)
70 ml Vollmilch (3,5 % Fett)

3 EL Butter

Füllung
200 g Ziegenfrischkäse
50 g Johannisbeergelee

ZUBEREITUNG: CA. 45 MIN + 8 STD KÜHLEN

Das Buchweizenmehl mit Salz und Ei vermengen, die Milch und 180 ml Wasser nach und nach einrühren und mit einem Holzlöffel zu einem glatten Teig verrühren. Mindestens 8 Stunden kühl stellen und gehen lassen.

Den Backofen auf 80 °C vorheizen. Eine beschichtete Pfanne oder ein Crêpes-Eisen erhitzen, mit etwas Butter ausfetten und den Teig dünn ausstreichen (der Teig muss sehr dünnflüssig sein, sonst noch etwas Wasser unterrühren). Die Galette backen, bis der Teig kleine Löcher bekommt und sich am Rand löst.

Auf diese Weise alle Galettes nacheinander backen und im Backofen warm halten.

Zum Servieren mit etwas Ziegenfrischkäse und Johannisbeergelee bestreichen und zunächst von den Außenseiten, dann von der Ober- und Unterseite einklappen, sodass ein Rechteck entsteht und die Füllung in der Mitte noch zu sehen ist.

Tipp: Bleiben Galettes übrig, können diese auch eingefroren werden.

Wenn du keine Crêpe-Pfanne besitzt, dann kannst du auch eine einfache beschichtete Pfanne verwenden. Die Galettes werden so zwar nicht so dünn, aber besser wie gar kein Olàlà am Frühstückstisch. Bon appétit!

Saisonale Granola

Frühling

Rhabarber-Kokos

FÜR 2 PORTIONEN

1 Stange Rhabarber, 2 EL Kokosblütenzucker,
2–3 EL Kokoschips

ZUBEREITUNG: 15 MIN + 30 MIN BACKEN

Rhabarber waschen, Enden abschneiden, gegebenenfalls
holzige Fasern entfernen und klein schneiden. Auf ein mit
Backpapier ausgelegtes Backblech geben, mit Zucker bestreuen und im Backofen (Mitte) 10–15 Minuten bei 150 °C
backen. Alle Zutaten mit dem Granola mischen.

Sommer

Erdbeer-Mandel

FÜR 2 PORTIONEN

30 g blanchierte Mandeln, 200 g Erdbeeren

ZUBEREITUNG: 15 MIN + 30 MIN BACKEN

Mandeln grob hacken. Erdbeeren waschen, putzen und klein
schneiden. Alle Zutaten mit dem Granola mischen.

Am besten bereitest du ein ganzes Blech
(4-6-fache Menge) Granola zu. So kannst du es
in einem Schraubglas 2-4 Wochen aufbewahren.

Herbst

Pflaume-Birne-Vanille

FÜR 2 PORTIONEN

4 Trockenpflaumen, 1 kleine Birne, 1 Msp. gemahlene Bourbon-Vanille, 2–3 EL Kürbiskerne

ZUBEREITUNG: 15 MIN + 30 MIN BACKEN

Pflaumen fein würfeln. Birne waschen, putzen und würfeln. Alle Zutaten mit dem Granola mischen.

Winter

Orange-Aprikose-Walnuss

FÜR 2 PORTIONEN

1 Orange, 30 g Walnüsse, 4 getr. Aprikosen, 2 Msp. Zimt

ZUBEREITUNG: 15 MIN + 30 MIN BACKEN

Orange filetieren (siehe Tipp Seite 111) und die Filets klein schneiden. Walnüsse grob hacken. Aprikosen fein würfeln. Alle Zutaten mit dem Granola mischen.

Granola Grundrezept

FÜR 2 PORTIONEN

50 g Haferflocken (grob oder fein), 50 g grobe Dinkelflocken, 20 g fein gehackte Erdmandeln (Chufa), 3 EL Ahornsirup

ZUBEREITUNG: 15 MIN + 30 MIN BACKEN

Den Backofen auf 150 °C vorheizen und ein Backblech mit Backpapier auslegen. Alle Zutaten vermengen, auf das Backpapier geben und auf der mittleren Schiene 30 Minuten backen, nach 15 Minuten einmal wenden. Auskühlen lassen. Mit Milch, Pflanzenmilch oder Naturjoghurt servieren.

Bircher-Freestyle
mit Haferflocken und Kakaonibs

FÜR 2 PORTIONEN

100 g Haferflocken (grob oder fein)
2 EL Goji-Beeren
  (aus dem Bioladen oder Reform-
  haus, alternativ Cranberrys)
1 Apfel
½ Zitrone
2 EL Kakaonibs
  (aus dem Bioladen oder Reform-
  haus, alternativ Haselnüsse)
2 EL Naturjoghurt (3,5 % Fett)
2 EL Sahne

ZUBEREITUNG: 20 MIN + QUELLEN ÜBER NACHT

Die Haferflocken und die Goji-Beeren mit 100 ml Wasser vermengen und über Nacht im Kühlschrank quellen lassen.

Am nächsten Morgen den Apfel waschen, vierteln, das Kerngehäuse entfernen und klein schneiden. Die Zitrone auspressen. Die Kakaonibs im Mörser grob zerstoßen. Die Haferflocken mit Apfel, Zitronensaft, Kakaonibs, Joghurt und Sahne vermengen und servieren. Nach Belieben mit Agavendicksaft süßen.

Vegane Variante: Joghurt und Sahne einfach durch deinen Lieblingspflanzenjoghurt und pflanzliche Sahne ersetzen.

Dass Goji-Beeren ein Allroundtalent in Sachen Gesundheit sind, wissen wir mittlerweile. Es gibt bei uns sogar schon kleine Goji-Bäumchen zu kaufen. Warum sich also die Wunderbeeren nicht in den eigenen Garten oder auf den Balkon holen? Ein sonniges Plätzchen und genügend Wasser reichen ihnen schon. Ganz schön anspruchslos für so eine Wunderpflanze!

Buttermilch-Pfirsich-Auflauf

FÜR 2 PORTIONEN

2 Pfirsiche
1 Ei (Größe M)
250 ml Buttermilch
3 TL Ahornsirup
40 g Dinkelgrieß

ZUBEREITUNG: 30 MIN + 30 MIN BACKEN

Den Backofen auf 170 °C vorheizen. Eine Auflaufform fetten.

Die Pfirsiche waschen, entkernen und klein schneiden. Das Ei trennen. Das Eiweiß steif schlagen.

Die Buttermilch und den Ahornsirup in einen Topf geben und aufkochen. Den Grieß mit einem Schneebesen unterrühren und bei geringer Temperatur unter Rühren ca. 3 Minuten quellen lassen. Vom Herd ziehen und das Eigelb unterrühren.

Den Eischnee vorsichtig unter die Grießmasse heben. Die Hälfte der Teigmasse in die Form geben, die Pfirsiche darauf verteilen und die restliche Teigmasse darüber verstreichen. Im Backofen auf der mittleren Schiene 30 Minuten backen.

Die Pfirsiche lassen sich natürlich auch durch Nektarinen oder Aprikosen ersetzen. Im Winter kannst du auch Orangen oder Blutorangen verwenden, die Früchte am besten filetieren. Dafür die Orangen erst gründlich schälen, bis keine weiße Haut mehr zu sehen ist. Dann mit einem scharfen Messer aus den Kammern vorsichtig Orangenscheiben herausschneiden. Den Saft dabei auffangen, den kannst du später trinken.

Amaranth
mit Pinienkerncrunch

FÜR 2 PORTIONEN

50 g Amaranth
1 reife Birne
10 g Butter
30 g Pinienkerne
1 EL Vollrohr- oder
   Kokosblütenzucker

ZUBEREITUNG: 40 MIN

Den Amaranth mit 150 ml Wasser aufkochen und 30 Minuten bei geschlossenem Deckel leise köcheln lassen. Dann den Herd ausschalten und 10 Minuten quellen lassen.

Inzwischen die Birne waschen, vom Kerngehäuse befreien und klein schneiden.

Ein Backblech mit Backpapier auslegen. Die Butter in einer heißen Pfanne zerlassen und leicht bräunen. Die Pinienkerne zugeben und kurz in der heißen Butter anrösten. Den Zucker darüberstreuen, rasch vermengen und auf das Backpapier zum Abkühlen ausstreichen.

Den Amaranth mit der Birne vermischen und den Pinienkerncrunch darüberbröseln.

Kochen ohne Deckel ist wie Heizen bei offenem Fenster – es verbraucht deutlich mehr Energie. Achte außerdem darauf, dass die Kochplatte nicht größer ist als der Topf oder die Pfanne, denn so geht viel Strom ganz umsonst flöten.

Tofu-„Rührei"

FÜR 2 PORTIONEN

100 g Räuchertofu
½ rote Zwiebel
4 EL Rapsöl
½ Bund glatte Petersilie
200 g Naturtofu
1 TL Kala Namak Salz
   (alternativ Meersalz)
frisch gemahlener Pfeffer
200 g Seidentofu

ZUBEREITUNG: 25 MIN

Den Räuchertofu in feine Würfel schneiden. Die Zwiebel abziehen und fein würfeln. In einer Pfanne 2 EL Öl erhitzen und den Tofu bei mittlerer Temperatur ca. 10 Minuten kross anbraten. Für die letzten 2 Minuten die Zwiebel zum Räuchertofu geben. Dann beides aus der Pfanne nehmen und beiseite stellen.

Die Petersilie waschen, trockenschütteln, die Blättchen abzupfen und fein hacken.

Den Naturtofu in einen Suppenteller legen, mit der Gabel krümelig zerdrücken und im restlichen Öl in der Pfanne bei mittlerer Temperatur 5–8 Minuten anbraten. Mit Kala Namak und Pfeffer würzen.

Zum Schluss den Seidentofu in die Pfanne geben und mit der Masse vermengen. 3 Minuten mitbraten, dann die Petersilie und den Räuchertofu dazugeben. Alles gut miteinander vermischen und servieren.

Das Schwefelsalz Kala Namak ist besonders für Veganer eine tolle Sache. Im Handumdrehen zauberst du damit nämlich aus Tofu ein Frühstück, das wie ein 1A-Rührei schmeckt. Diesen Eiergeschmack erreichst du auch, indem du es zum Beispiel auf ein mit Avocado bestrichenes Brot streust.

Saisonale Omelettes

Omelette-Grundmasse

FÜR 2 PORTIONEN

3 Eier, 75 g Crème fraîche, Salz, frisch gemahlener Pfeffer

ZUBEREITUNG: 5 MIN

Die Eier mit der Crème fraîche in einer Schüssel verquirlen. Mit Salz und Pfeffer würzen.

Frühling
Frühlingszwiebel-Gänseblümchen

FÜR 2 PORTIONEN

1 Frühlingszwiebel, 1 EL Butter, 1–2 EL Gänseblümchen

ZUBEREITUNG: 20 MIN

Frühlingszwiebel waschen, putzen und schräg in 5 cm lange Streifen schneiden. Frühlingszwiebel in Butter kurz anbraten, Omelette-Masse zugeben, Gänseblümchen oben auflegen und zugedeckt bei geringer Temperatur ca. 7 Minuten langsam stocken lassen. In zwei Hälften schneiden und servieren.

Sommer
Himbeer-Thymian

FÜR 2 PORTIONEN

16 Himbeeren, 1 TL frische Thymianblätter, 1 EL Butter

ZUBEREITUNG: 15 MIN

Himbeeren und Thymian waschen und trocknen. Omelette-Masse mit dem Thymian verquirlen und in die gebutterte Pfanne geben, Himbeeren darüber verteilen und zugedeckt bei geringer Temperatur ca. 7 Minuten langsam stocken lassen. In zwei Hälften schneiden und servieren.

Herbst
Rote-Bete-Cranberry-Meerrettich

FÜR 2 PORTIONEN

150 g gekochte Rote Bete, 2 EL Cranberrys, 1 EL Butter, ½ TL frisch geriebener Meerrettich

ZUBEREITUNG: 20 MIN

Rote Bete fein würfeln. Cranberrys hacken. Omelette-Masse in die gebutterte Pfanne geben, Rote Bete und Cranberrys darüber verteilen und zugedeckt bei geringer Temperatur ca. 7 Minuten langsam stocken lassen. Meerrettich darüber verteilen, in zwei Hälften schneiden und servieren.

Winter
Camembert-Haselnuss

FÜR 2 PORTIONEN

1 rote Zwiebel, 100 g Camembert, 15 g Haselnüsse, 1 EL Butter

ZUBEREITUNG: 20 MIN

Zwiebel schälen und in feine Ringe schneiden. Camembert fein würfeln. Nüsse grob hacken. Zwiebel in Butter glasig dünsten, Omelette-Masse darübergießen, Nüsse und Camembert darüberstreuen und zugedeckt bei geringer Temperatur ca. 7 Minuten langsam stocken lassen. In zwei Hälften schneiden und servieren.

SNACKS, SUPPEN
UND SALATE

Saisonale Chips

Frühling

Popeye-Spinat

FÜR 2 PORTIONEN

50 g Babyspinat
750 ml Bratöl zum Frittieren
1 TL Salz

ZUBEREITUNG: 30 MIN

Den Spinat waschen und gründlich trocknen.

In einem breiten Topf das Frittieröl auf 170° C erhitzen und die Temperatur mit einem Thermometer kontrollieren.

Ein Backblech mit ein paar Blättern Küchenrolle auslegen und neben den Topf stellen. Die Spinatblätter portionsweise für ca. 3 Minuten ins heiße Fett geben (Vorsicht, es spritzt!). Dabei ständig die Temperatur prüfen, sie sollte zwischen 150 °C und maximal 170° C liegen (das Fett kühlt zunächst beim Einfüllen des Gargutes ab). Die fertigen Chips mit einem Schöpflöffel aus dem Fett holen und zum Abtropfen auf das Backblech legen.

Die Spinatchips mit dem Salz mischen und am besten frisch essen.

Mit diesen Rezepten bist du auch für den nächsten gemütlichen Abend mit Freunden ausgerüstet. Und: Gemüsechips sind super flexibel. Wie wäre es zum Beispiel mit Grünkohl- oder Rote-Bete-Chips? Tausche die Zutaten einfach nach Saison und Belieben aus.

Sommer

Karotten-Kreuzkümmel

FÜR 2 PORTIONEN

250 g Karotten
½ TL Kreuzkümmel
1 TL getrocknete Zitronenschale
½ TL Salz
750 ml Bratöl zum Frittieren

ZUBEREITUNG: 30 MIN

Die Karotten waschen, schälen und die Enden abschneiden. Halbieren und in feine Scheiben schneiden. Kreuzkümmel und getrocknete Zitronenschale im Mörser fein zermahlen und mit dem Salz mischen.

In einem breiten Topf 750 ml Frittieröl auf 170 °C erhitzen und die Temperatur mit einem Thermometer kontrollieren. Ein Backblech mit ein paar Blättern Küchenrolle auslegen und neben den Topf stellen. Die Karottenscheiben portionsweise für 3 Minuten ins heiße Fett geben. Dabei ständig die Temperatur prüfen, sie sollte zwischen 150 °C und maximal 170 °C liegen (das Fett kühlt zunächst beim Einfüllen des Gargutes ab). Die fertigen Chips mit einem Schöpflöffel aus dem Fett holen und zum Abtropfen auf das Backblech legen.

Die Karottenchips mit dem Salz mischen und am besten frisch essen.

Herbst

Vinegar-Salt

FÜR 2 PORTIONEN

500 g Kartoffeln
500 ml Weißweinessig
750 ml Bratöl zum Frittieren
1 TL Meersalz

ZUBEREITUNG: 30 MIN + EINLEGEN ÜBER NACHT

Die Kartoffeln gründlich waschen und mit dem Gemüsehobel in feine Scheiben hobeln. Über Nacht abgedeckt in
Essig einlegen. Die Kartoffeln sollten vollständig mit Essig
bedeckt sein, damit sie Stärke verlieren und den Essig-
geschmack annehmen.

In einem breiten Topf 750 ml Frittieröl auf 170 °C erhitzen
und die Temperatur mit einem Thermometer kontrollieren.
Ein Backblech mit ein paar Blättern Küchenrolle auslegen
und neben den Topf stellen. Die Kartoffelscheiben portionsweise für 3 Minuten ins heiße Fett geben. Dabei ständig die Temperatur prüfen, sie sollte zwischen 150 °C und
maximal 170 °C liegen (das Fett kühlt zunächst beim Einfüllen des Gargutes ab). Die fertigen Chips mit einem
Schöpflöffel aus dem Fett holen und zum Abtropfen auf
das Backblech legen.

Die Kartoffelchips mit dem Salz mischen und am besten
frisch essen.

Winter

Pastinake-Sesam

FÜR 2 PORTIONEN

500 g Pastinaken
750 ml Bratöl zum Frittieren
3 EL Sesam
1 TL Salz

ZUBEREITUNG: 30 MIN

Die Pastinaken waschen, schälen und mit einem Gemüsehobel in feine runde Scheiben hobeln.

In einem breiten Topf 750 ml Frittieröl auf 170 °C erhitzen
und die Temperatur mit einem Thermometer kontrollieren.
Ein Backblech mit ein paar Blättern Küchenrolle auslegen
und neben den Topf stellen. Die Pastinaken portionsweise
für 3 Minuten ins heiße Fett geben. Dabei ständig die
Temperatur prüfen, sie sollte zwischen 150 °C und maximal 170 °C liegen (das Fett kühlt zunächst beim Einfüllen
des Gargutes ab). Die fertigen Chips mit einem Schöpflöffel aus dem Fett holen und auf das Backblech legen.

Den Sesam in einer Pfanne ohne Fett ca. 10 Minuten
rösten, auskühlen lassen und mit dem Salz im Mörser fein
zermahlen. Zum Servieren mit Sesam-Salz bestreuen.

Müsliriegel

FÜR 2 PORTIONEN

25 g Walnüsse
50 g Pekannüsse
50 g ungeschälte Mandeln
50 g Butter
50 g Kokosblütenzucker
50 g Agavendicksaft
30 g getrocknete Sauerkirschen
   (alternativ Cranberrys)
200 g Haferflocken
2 EL Vollkorndinkelmehl

ZUBEREITUNG: 30 MIN + 20 MIN BACKEN

Eine rechteckige Auflaufform (23 x 16 cm) mit Backpapier auslegen. Den Backofen auf 160 °C vorheizen.

Die Nüsse und die Mandeln grob hacken und anschließend in einer beschichteten Pfanne ohne Fett bei mittlerer Temperatur unter Rühren 10 Minuten rösten.

Die Butter in einem Topf zerlassen. Den Kokosblütenzucker und den Agavendicksaft dazugeben und unter Rühren den Zucker darin schmelzen. Die Sauerkirschen, die Nüsse, die Haferflocken und das Mehl zu dem Zuckersirup geben und in die Form füllen. Mit leicht angefeuchteten Händen sehr fest drücken und glatt streichen.

Die Müsliriegel im Backofen 20 Minuten backen. Vorsichtig aus der Form nehmen, leicht auskühlen lassen, dann mit einem Messer Müsliriegel schneiden und vollständig erkalten lassen.

Unsere Müsliriegel sind ein super Snack für zwischendurch. In einem kleinen Behälter verstaut, sind sie luftdicht aufbewahrt und passen in jede Handtasche.

Saisonale Powerkugeln

Frühling

Mango-Matcha-Cashew

FÜR 8–10 KUGELN

35 g getrocknete Mango, 1 unbehandelte Limette, ½ TL Matchapulver, 20 g Cashewkerne, 10 g weiches Kokosmus (Zimmertemperatur), 5 g gepuffter Amaranth, 1–2 EL Kokosflocken

ZUBEREITUNG: 10 MIN + ÜBER NACHT EINWEICHEN + 1–3 STD KÜHLEN

Die Mango fein würfeln. Die halbe Limettenschale abreiben, die Limette auspressen und die Mangowürfel im Limettensaft über Nacht einweichen. Die Mango und den Limettensaft mit den restlichen Zutaten, außer den Kokosflocken, in den Blitzhacker geben und zu einer homogenen Masse pürieren.

Mit angefeuchteten Händen aus der Masse 8–10 haselnussgroße Kugeln formen. Die Kokosflocken auf einen Teller geben und die Kugeln darin wälzen, bis sie gleichmäßig bedeckt sind. Im Kühlschrank 1–3 Stunden kühlen, damit die Powerkugeln fest werden.

Sommer

Beere-Mohn-Paranuss

FÜR 8–10 KUGELN

40 g Cranberrys, 10 g Goji-Beeren, 25 g Paranüsse, 1–2 EL gemahlener Mohn

ZUBEREITUNG: 10 MIN + 1–3 STD KÜHLEN

Alle Zutaten, bis auf den Mohn, im Blitzhacker fein pürieren. Mit angefeuchteten Händen aus der Masse 8–10 haselnussgroße Kugeln formen und diese in Mohn wälzen, bis sie völlig bedeckt sind. Im Kühlschrank 1–3 Stunden kühlen, damit die Powerkugeln fest werden.

Herbst

Pflaume-Baobab-Walnuss

FÜR 8–10 KUGELN

50 g getrocknete Pflaumen, 1 TL Honig, 25 g Walnusskerne, 1 TL Baobab, 1 EL Hanfsamen

ZUBEREITUNG: 10 MIN + 1–3 STD KÜHLEN

Alle Zutaten, bis auf die Hanfsamen, im Blitzhacker fein pürieren. Mit angefeuchteten Händen aus der Masse 8–10 haselnussgroße Kugeln formen und diese in Hanfsamen wälzen, bis sie völlig bedeckt sind. Im Kühlschrank 1–3 Stunden kühlen, damit die Powerkugeln fest werden.

Winter

Dattel-Orange-Mandel

FÜR 8–10 KUGELN

50 g entsteinte Datteln, 25 g ungeschälte Mandeln, 1 Msp. Zimt, 1 TL Abrieb von 1 unbehandelten Orange, 1–2 EL schwach entöltes Kakaopulver

ZUBEREITUNG: 10 MIN + 1–3 STD KÜHLEN

Alle Zutaten, bis auf den Kakao, im Blitzhacker fein pürieren. Mit angefeuchteten Händen aus der Masse 8–10 haselnussgroße Kugeln formen und diese im Kakaopulver wälzen, bis sie völlig bedeckt sind. Im Kühlschrank 1–3 Stunden kühlen, damit die Powerkugeln fest werden.

Lauwarmer Quinoa-Salat
mit Wurzelgemüse

FÜR 2 PORTIONEN

300 g gemischtes Wurzelgemüse
(zum Beispiel verschiedenfarbige
Karotten, Pastinake, Petersilien-
wurzel)
Orangen-Chili-Marinade
(Rezept Seite 70)
80 g Quinoa
½ Bund glatte Petersilie
½ Avocado
2 EL Olivenöl
1 TL Chia-Samen
1 TL Tahin
2 TL Ahornsirup
Saft von ½ Orange
Salz

ZUBEREITUNG: 50 MIN + 2 STD MARINIEREN

Das Gemüse putzen, schälen und schräg in Scheiben
schneiden. In eine Schüssel geben, mit der Marinade vermengen und abgedeckt ca. 2 Stunden stehen lassen.

Den Quinoa in einem feinen Sieb unter fließendem heißem
Wasser gründlich waschen, um die Bitterstoffe auszuspülen. In einem Topf mit 200 ml Salzwasser 20 Minuten unter
gelegentlichem Rühren kochen, den Herd ausstellen und
weitere 10 Minuten quellen lassen. Inzwischen die Petersilie
waschen, trockenschütteln und klein hacken. Die Avocado
entkernen, das Fruchtfleisch mit einem großen Löffel auslösen und in Scheiben schneiden.

In einer Pfanne 1 EL Öl erhitzen und das Wurzelgemüse
darin unter gelegentlichem Wenden 5 Minuten braun anbraten. Die Chia-Samen, die Tahin, den Ahornsirup, den
Orangensaft und das restliche Öl zu einer Vinaigrette verrühren. Den Quinoa mit dem Wurzelgemüse, der Avocado
und der Petersilie mischen, die Vinaigrette darüber geben
und mit Salz und Pfeffer abschmecken.

Tipp: Die andere Hälfte der Avocado kannst du zum Beispiel für den Frühlingssmoothie (Rezept Seite 94/95) oder
für das Sushi (Rezept Seite 148/149) verwenden. Die andere
Orangenhälfte auspressen und den Saft trinken – basta!

Quinoa stammt aus Südamerika und ist eigentlich kein Ge-
treide, sondern mit Spinat und Mangold verwandt. Daher ist das
Pseudogetreide komplett glutenfrei. Es ist eine gute pflanzliche
Eiweißquelle und enthält eine Menge Nährstoffe, Vitamine und
Mineralien. Für Abwechslung auf dem Teller sorgen die vielen
Varianten: Quinoa gibt es in Weiß, Rot, Schwarz und gemischt.

Saisonale Salate

Frühling

Hähnchen-Karotte-Wildkräuter

FÜR 2 PORTIONEN

200 g gelbe Karotten
1 Bund Radieschen
1 kleiner Kopfsalat
100 g Frühlingskräuter
(zum Beispiel Giersch, Löwenzahn,
Sauerampfer, Kresse)
3 EL Weißweinessig
5 EL Olivenöl
1 TL Honig
Salz
frisch gemahlener Pfeffer
3 EL Rapsöl
300 g Hähnchenbrust
1 TL Paprikapulver, edelsüß

ZUBEREITUNG: 30 MIN

Die Karotten und die Radieschen waschen und in dünne Scheiben schneiden. Den Kopfsalat putzen, waschen, trockenschütteln und klein zupfen. Die Frühlingskräuter waschen, trockenschütteln und klein hacken. Essig, Öl, Honig, Salz und Pfeffer in einem Gefäß verrühren. Die Kräuter hinzugeben und verrühren.

Die Hähnchenbrust waschen, trockentupfen und in breite Streifen schneiden. Das Paprikapulver mit 3 EL Rapsöl in einer großen Schüssel verrühren. Die Streifen hineingeben und alles gut durchmischen.

Die Hähnchenbruststreifen in einer heißen Pfanne 5 Minuten scharf anbraten, anschließend weitere 5 Minuten bei mittlerer Hitze braten, bis sie durch sind. Zwischendurch wenden. Zum Schluss mit Salz und Pfeffer würzen.

Den Salat und das klein geschnittene Gemüse mit der Kräutervinaigrette vermischen. Auf zwei Schüsseln verteilen und die noch warmen Hähnchenbruststreifen daraufgeben.

Tschüss, gekaufter Muffelsalat aus der Plastikschale. Unsere Salate eignen sich super zum Mitnehmen ins Büro. Dafür kommt der Salat morgens einfach in einen Aufbewahrungsbehälter und das Dressing in ein Glas mit Schraubverschluss. Beides wartet bis mittags auf dich im Büro-Kühlschrank.

Sommer

Perlgraupe-Gurke-Tomate-Manouri

FÜR 2 PORTIONEN

1 Zwiebel
1 Knoblauchzehe
1 EL Rapsöl
100 g Perlgraupen
400 ml Gemüsefond
  (Rezept Seite 68)
½ Kopf Lollo Bianco
100 g Manouri
1 Mini-Gurke
100 g Cocktailtomaten
1 rote Zwiebel
2 EL Weißweinessig
4 EL Olivenöl
1 EL Honig
1 TL körniger Senf
1 TL frische Thymianblätter
Salz
frisch gemahlener Pfeffer

ZUBEREITUNG: 45 MIN

Die Zwiebel und die Knoblauchzehe schälen und fein hacken. Das Öl in einem kleinen Topf erhitzen, die Zwiebel und den Knoblauch glasig anschwitzen. Die Graupen zugeben und mitbraten, bis die Körner glasig sind. Die Brühe hineingießen und aufkochen. Zugedeckt bei geringer Temperatur 30 Minuten köcheln lassen, dabei gelegentlich umrühren. Sobald die Graupen gar sind, zur Seite stellen und etwas abkühlen lassen.

Den Lollo Bianco waschen, trockenschütteln und grob hacken. Den Manouri würfeln. Die Gurke waschen, längs halbieren und in Scheiben schneiden. Die Tomaten waschen und halbieren. Die Zwiebel abziehen und in feine Ringe schneiden.

Essig, Öl, Honig, Senf und Thymian in einem Gefäß gut verrühren und mit Salz und Pfeffer würzen. In einer großen Schüssel die abgekühlten Graupen, Lollo Bianco, Gurke und Tomate geben und vorsichtig vermischen. Die Vinaigrette dazugeben und alles noch einmal vermischen.

Den Salat in zwei Schüsseln geben und die Manouriwürfel und die roten Zwiebeln darauf verteilen.

Herbst

Rote-Bete-Feldsalat-Grapefruit

FÜR 2 PORTIONEN

50 g Kürbiskerne
100 g Feldsalat
200 g Rote Beten
2 Grapefruits
1 EL Agavendicksaft
4 EL Kürbiskernöl
2 EL weißer Balsamicoessig
Salz
frisch gemahlener Pfeffer

ZUBEREITUNG: 30 MIN

Die Kürbiskerne in einer Pfanne ohne Fett rösten. Beiseite stellen und abkühlen lassen. Den Feldsalat waschen, putzen und trockenschütteln.

Die Rote Beten mit Einmalhandschuhen waschen, schälen und in hauchdünne Scheiben hobeln oder schneiden. Die Grapefruit waschen, schälen und filetieren. Den Fruchtsaft dabei auffangen, in eine Schüssel geben und die Grapefruitreste darüber auspressen. Grapefruitsaft, Agavendicksaft, Öl und Essig in eine Schüssel geben, mit Salz und Pfeffer abschmecken und alles gut verrühren. Die Rote Beten dazugeben, alles noch einmal vorsichtig mit den Händen durchmischen.

Auf zwei Teller überlappend arrangieren. Die Grapefruitfilets und den Feldsalat darauf verteilen und mit den Resten der Vinaigrette beträufeln. Die Kürbiskerne grob hacken und darüberstreuen.

Winter

Kohl-Rote-Bete-Apfel-Macadamia

FÜR 2 PORTIONEN

100 g Grün- oder Schwarzkohl
2 kleine Rote Beten
1 säuerlicher Apfel,
   zum Beispiel Boskop
60 g Macadamia-Nüsse
½ TL Anissamen
1 EL Apfelessig
3 EL Rapsöl
Salz
frisch gemahlener Pfeffer

ZUBEREITUNG: 25 MIN

Den Grün- oder Schwarzkohl waschen, putzen und in feine Streifen schneiden. Die Rote Beten mit Einmalhandschuhen waschen, schälen, in dünne Scheiben und dann in Streifen schneiden. Den Apfel waschen, entkernen und in feine Streifen schneiden.

Die Nüsse in einer Pfanne ohne Fett rösten, dann grob hacken. Den Anis mörsern und mit Essig und Öl zu einem Dressing verrühren, salzen und pfeffern.

Das Gemüse mit dem Dressing gut vermengen und mit Nüssen bestreut servieren.

Salat aus rotem Quinoa
mit Matcha, Rosenkohl und Yuzu

FÜR 2 PORTIONEN

1 Handvoll Haselnüsse
100 g roter Quinoa
3 EL Olivenöl
Saft von ½ Grapefruit
frisch gemahlener Pfeffer
15 Rosenkohlröschen
1 EL Yuzu-Saft (aus dem Asialaden,
    alternativ Limettensaft)
½ gestrichener TL Matchapulver
1 EL Ahornsirup
Salz
Zitronenpfeffer

ZUBEREITUNG: 1 STD + 10 MIN MARINIEREN

Die Haselnüsse im Backofen bei 160 °C 4–5 Minuten goldbraun rösten, abkühlen lassen und grob hacken.

Den Quinoa in einem feinen Sieb unter fließendem heißem Wasser gründlich waschen, um die Bitterstoffe auszuspülen. In einem Topf mit 200 ml Salzwasser 20 Minuten unter gelegentlichem Rühren garen, dann den Herd ausstellen. Das Olivenöl und den Grapefruitsaft unter den noch heißen Quinoa mischen, mit Pfeffer abschmecken und bei geschlossenem Deckel weitere 10 Minuten quellen lassen.

Den Rosenkohl putzen, den Stielansatz der Rosenkohlröschen kreuzförmig einschneiden und in kochendem Salzwasser 7 Minuten bissfest garen, abgießen und in Eiswasser abschrecken. Die Rosenkohlröschen halbieren.

Den Yuzu-Saft, das Matchapulver und den Ahornsirup vermischen, mit Salz und Zitronenpfeffer abschmecken und die Rosenkohlviertel darin 10 Minuten marinieren.

Den Quinoa-Salat mit den marinierten Rosenkohlhälften und den gehackten Haselnüssen bestreut servieren.

Noch ein Wort zu einem eher unbekannten Früchtchen: Yuzu kommt aus Japan und hat einen säuerlich-bitteren Geschmack. Sie schmeckt kräftig nach Limette, erinnert aber auch an Grapefruit und Mandarine. Du bekommst sie vor allem zwischen Oktober und Dezember. Du kannst ihren Saft und Abrieb auch prima für Kuchen und Desserts verwenden, bei denen normalerweise Zitronen, Orangen oder Limetten eingesetzt werden.

Topinambursalat
mit Avocado und Granatapfel

FÜR 2 PORTIONEN

½ Granatapfel
300 g Topinambur
1 Avocado
6 EL Walnüsse
3 EL Aceto Balsamico bianco
Salz
frisch gemahlener Pfeffer
6 EL Walnussöl

ZUBEREITUNG: 35 MIN

Den Granatapfel entkernen. Dazu den halben Granatapfel mit der Schnittfläche nach unten in die offene Hand legen und über eine Schüssel halten. Mit einem Fleischklopfer oder einem Nudelholz auf die Schale des Granatapfels schlagen und gleichzeitig die Frucht leicht zusammendrücken, dabei diese in der Hand im Uhrzeigersinn drehen, bis alle Kerne rausgefallen sind. Den Saft dabei auffangen.

Den Topinambur mit einer Gemüsebürste säubern und fein hobeln. Die Avocado halbieren, entkernen, das Fruchtfleisch mit einem großen Löffel auslösen und klein schneiden. Die Walnüsse in einer Pfanne ohne Fett rösten, bis sie aromatisch zu duften beginnen. Dann herausnehmen und beiseite stellen.

Für das Dressing den Granatapfelsaft, den Essig, das Salz und den Pfeffer verquirlen, dann das Öl dazugeben und verrühren. Den Topinambur mit der Avocado auf einer Platte anrichten. Die Walnusskerne und die Granatapfelkerne darüber verteilen und mit dem Dressing beträufeln.

Tipp: Die zweite Hälfte des Granatapfels kannst du übrigens gut für eine eigene Variante des selbst aromatisierten Wassers verwenden oder ein Frühstücksmüsli damit zusätzlich pimpen.

Du kannst die Kerne auch aus dem Granatapfel bekommen, indem du ihn erst halbierst und dann in eine Schüssel mit kaltem Wasser tauchst und Stücke herausbrichst. So lassen sich die Kerne gut herausschälen.

Sommer-Salat-Röllchen

FÜR 8 RÖLLCHEN

2–3 EL Rosinen
70 g Hirse
8 große Kopfsalatblätter
4 Knoblauchzehen
1 Schalotte
1 kleine rote Paprika
1 Frühlingszwiebel
10 Stängel glatte Petersilie
1 EL Zatar
   (orientalische Gewürzmischung)
2 EL Olivenöl
2 EL Pinienkerne
je 1 TL Zitronensaft, Salz, Pfeffer
150 g Sojajoghurt

8 Zahnstocher

ZUBEREITUNG: CA. 50 MIN

Die Rosinen in ein Schälchen geben und mit Wasser bedeckt quellen lassen. Die Hirse in ein feines Sieb geben und unter fließendem, heißem Wasser waschen. Mit 150 ml Wasser in einen Topf geben und aufkochen, 5 Minuten bei mittlerer Temperatur garen und anschließend bei ausgeschaltetem Herd 10 Minuten ausquellen lassen.

Inzwischen die Salatblätter waschen und trockenschütteln. Die Knoblauchzehen und die Schalotte abziehen und fein würfeln. Die Paprika waschen, putzen und ebenfalls fein würfeln. Die Frühlingszwiebel waschen, putzen und in Ringe schneiden. Die Petersilie waschen, trockenschütteln und fein hacken.

In einer beschichteten Pfanne den Zatar ohne Fett anrösten und beiseite stellen.

Das Öl in die heiße Pfanne geben, eine Knoblauchzehe und die Schalotte unter Rühren 1 Minute glasig dünsten. Die Paprika dazugeben und weitere 3 Minuten anbraten. Die Pinienkerne hinzugeben und 1 weitere Minute braten.

Die Rosinen abgießen. Das Paprikagemüse mit 1–2 EL Rosinen, der Frühlingszwiebel, Zitronensaft, Zatar und Petersilie unter die Hirse mischen und mit Salz und Pfeffer abschmecken. Den restlichen Knoblauch und die restlichen Rosinen mit dem Joghurt vermengen und mit Salz und Pfeffer abschmecken.

Die Salatblätter je mit einem Achtel der Füllung am unteren Ende des Salatblattes befüllen und die Seiten einschlagen, danach eng aufrollen und mit einem Zahnstocher fixieren. Den Joghurt-Dip zu den Röllchen reichen.

Zatar ist eine Gewürzmischung, die meist aus gemahlenen Zatar-Blättern, gemahlenem Sumach, geröstetem Sesam und Salz besteht. Zatar wird sehr gerne in der israelischen und palästinensischen Küche verwendet.

Saisonale Suppen

Frühling

Seelachs-Tofu-Spargel-Koriander

FÜR 2 PORTIONEN

200 g Naturtofu
Erdnuss-Limetten-Marinade
   (Rezept Seite 71)
200 g grüner Spargel
2 Frühlingszwiebeln
1 Knoblauchzehe
1 kleines Stück Ingwer
10 g Koriander
200 g Seelachsfilet
800 ml Gemüsefond
   (Rezept Seite 68)
2–3 EL Sojasauce
1–2 EL geröstetes Sesamöl
1 EL Limettensaft
Salz
Chilipulver
Vollrohrzucker

1 Teebeutel

ZUBEREITUNG: 50 MIN + ÜBER NACHT MARINIEREN

Den Tofu abtropfen lassen, quer in Scheiben und dann in dünne Streifen schneiden und mit der Erdnuss-Limetten-Marinade in einer Schüssel 2 Stunden, wenn möglich über Nacht, abgedeckt im Kühlschrank marinieren lassen.

Den Spargel waschen, die Enden abschneiden, das untere Drittel schälen und schräg in 2–3 cm große Stücke schneiden. Die Frühlingszwiebeln waschen, die Enden abschneiden und schräg in feine Ringe schneiden. Den Knoblauch abziehen und den Ingwer schälen. Den Koriander waschen, trockenschütteln, die Blättchen abzupfen und fein hacken. Das Seelachsfilet waschen, trocknen und würfeln.

Den Fond mit der Sojasauce, dem Sesamöl und dem Limettensaft in einen Topf geben. Den Knoblauch und den Ingwer in einen Teebeutel geben, verknoten und ebenfalls in den Topf hängen. Aufkochen lassen, den Spargel hinzufügen und 10 Minuten köcheln lassen. Den Tofu und den Seelachs zugeben und weitere 5 Minuten ziehen lassen.

Das Knoblauchsäckchen entfernen und die Suppe mit Salz, Chili und Zucker abschmecken. Mit Frühlingszwiebeln und Koriander bestreut servieren.

Wenn du Spargel in ein feuchtes Geschirrtuch wickelst, hält er sich im Kühlschrank einige Tage lang. Die Schale und Endstücke kannst du weiterverwerten, indem du daraus einen Sud kochst. Dann den Sud abseihen, nach Belieben salzen, dann einfrieren oder einkochen und später für eine Spargelsuppe oder ein Risotto verwenden.

Sommer

Blumenkohl-Kartoffel-Vanille

FÜR 2 PORTIONEN

500 g Blumenkohl
1 kleine Kartoffel (ca. 50 g)
½ TL gemahlene Vanilleschote
200 ml Weißwein
1 EL Agavendicksaft
100 g Sahne
50 g Butter
1 TL Salz
frisch gemahlener Pfeffer

ZUBEREITUNG: CA. 35 MIN

Den Blumenkohl waschen, putzen, die Röschen abtrennen. Die Kartoffel waschen, schälen und grob würfeln.

Blumenkohl und Kartoffel in 300 ml Salzwasser aufkochen und 20–25 Minuten zugedeckt bei mittlerer Temperatur köcheln lassen. Die restlichen Zutaten zugeben, einmal kurz aufkochen, mit dem Pürierstab fein pürieren und mit Salz und Pfeffer abschmecken.

Mit dem Pürierstab die Suppe aufschäumen, dazu den Topf schräg halten und den Pürierstab so hineinhalten, dass der Kopf nicht ganz bedeckt ist. Durch das Pürieren wird die cremige Suppe schaumig aufgeschlagen. Dann zügig servieren, damit der Suppenschaum erhalten bleibt.

Herbst

Kürbis-Ingwer-Erdnuss

FÜR 2 PORTIONEN

400 g Hokkaido-Kürbis
2 cm Ingwer
2 Schalotten
1 Knoblauchzehe
1 Saftorange
1 rote Peperoni (alternativ getrocknet)
2 EL geröstete und
    gesalzene Erdnüsse
2 EL Erdnussöl
300 ml Gemüsebrühe
    (Rezept Seite 69)
200 ml Kokosmilch
2 EL Erdnussmus

ZUBEREITUNG: CA. 60 MIN

Den Kürbis waschen, entkernen und grob würfeln. Ingwer, Schalotten und Knoblauch schälen und fein hacken. Die Orange halbieren und auspressen. Die Peperoni waschen und in sehr feine Ringe schneiden, ein paar Peperoniringe beiseite stellen zum Garnieren. Die Erdnüsse grob hacken.

Das Erdnussöl im Topf erhitzen, Schalotten und Knoblauch darin anbraten, Kürbiswürfel hinzufügen und 3–4 Minuten anbraten. Mit Brühe und Kokosmilch ablöschen, Peperoni, Ingwer, Erdnussmus und Orangensaft hinzufügen und 25–30 Minuten unter gelegentlichem Rühren zugedeckt bei mittlerer Temperatur kochen, bis der Kürbis weich ist.

Vom Herd nehmen und mit einem Pürierstab fein pürieren, in Suppenschüsseln füllen und mit Peperoniringen und Erdnüssen bestreut servieren.

Winter

Sellerie-Rosenkohl-Linsen

FÜR 2 PORTIONEN

150 g Knollensellerie
2 kleine Kartoffeln
2 Karotten
½ Stange Lauch
150 g Rosenkohl
4 EL Berglinsen
1 EL Rapsöl
1 EL Butter
100 ml Rotwein
1 l Gemüsebrühe
  (Rezept Seite 69)
50 ml Weißweinessig
1 Lorbeerblatt
Salz
frisch gemahlener Pfeffer
2 TL Senf (Rezept Seite 76)

ZUBEREITUNG: CA. 60 MIN

Den Sellerie und die Kartoffeln schälen und ca. 1 cm groß würfeln. Die Karotten schälen, Enden abschneiden und schräg in dünne Scheiben schneiden. Lauch waschen, Enden abschneiden und in feine Ringe schneiden. Rosenkohl schälen, Enden abschneiden und halbieren.

Das Öl und die Butter in einem Topf erhitzen und den Lauch darin kurz anschwitzen, dabei schwenken. Nach und nach die Karotten, den Sellerie, die Kartoffeln, den Rosenkohl und die Linsen zugeben und schließlich mit Rotwein ablöschen. Die Gemüsebrühe, den Essig und das Lorbeerblatt dazugeben und zugedeckt bei mittlerer Temperatur 30 Minuten köcheln lassen.

Den Eintopf mit Salz und Pfeffer abschmecken und zum Servieren je 1 TL Senf in die Suppenschale geben und unterrühren.

HAUPTGERICHTE

Saisonale Sandwiches

Frühling

Wildkräuter-Kohlrabi-Ziegengouda

FÜR 2 PORTIONEN

1 Handvoll (Wild)kräutersalat, ½ Frühlingszwiebel, 40 g Kohlrabi, 30 g Ziegengouda, 125 g Quark (20 % Fett), 1 TL Leinöl, Salz, Pfeffer, 4 Scheiben Sauerteigbrot (Rezept Seite 88/89), 2 TL Bärlauch-Hummus (Rezept Seite 84/85)

ZUBEREITUNG: 15 MIN

Wildkräutersalat waschen, trockenschütteln und die Hälfte fein hacken. Frühlingszwiebel waschen, putzen und fein hacken. Kohlrabi schälen und in feine Scheiben hobeln. Ziegengouda reiben. Quark mit gehackten Kräutern und Leinöl vermengen und mit Salz und Pfeffer abschmecken. In einem Kontaktgrill 3 Minuten grillen oder in einer sehr heißen (Grill-)Pfanne ohne Fett 3 Minuten pro Seite rösten. Dabei ein Brett über das Brot legen und fest andrücken. Je zwei Brotscheiben mit Bärlauch-Hummus und mit Kräuterquark bestreichen. Restliche Kräuter, Kohlrabi und Käse zwischen den Brotscheiben schichten.

Sommer

Rucola-Tomate-Mozzarella

FÜR 2 PORTIONEN

1 Handvoll Rucola, 30 g getrocknete Tomaten, 40 g Mozzarella, 4 Scheiben Sauerteigbrot (Rezept Seite 88/89), 2 EL Rucola-Pesto (Rezept Seite 78/79), Pfeffer

ZUBEREITUNG: 15 MIN

Die Brote grillen bzw. rösten (siehe Frühlingsrezept). Rucola waschen und trockenschütteln. Tomaten in Streifen schneiden. Mozzarella in kleine Stücke zupfen. Brot mit Pesto bestreichen, mit Rucola, Tomaten und Mozzarella belegen, pfeffern und zuklappen.

Herbst

Pfifferling-Radicchio-Bergkäse

FÜR 2 PORTIONEN

20 g Radicchio, 50 g Pfifferlinge, 1 TL Butter, 25 g Bergkäse, 4 Scheiben Sauerteigbrot (Rezept Seite 88/89), 2 TL Preiselbeeraufstrich, 3 EL Maronencreme (Rezept Seite 84/85), Salz, Pfeffer

ZUBEREITUNG: 20 MIN

Radicchio waschen, trockenschütteln und in Streifen schneiden. Pfifferlinge putzen, 5 Minuten anbraten, dann Butter zugeben und nochmals 1 Minute braten. Bergkäse raspeln. Die Brote grillen bzw. rösten (siehe Frühlingsrezept). Je zwei Brote mit Preiselbeeraufstrich und mit Maronencreme bestreichen, Pilze, Radicchio und Käse darauf verteilen, salzen, pfeffern und zuklappen.

Winter

Weißkohl-Räuchertofu-Ziegencamembert

FÜR 2 PORTIONEN

100 g Weißkohl, 25 g Räuchertofu, ½ kleine Zwiebel, 3 TL Butter, Salz, 2 TL Senf, 3 TL Crème fraîche, 40 g Ziegencamembert, 4 Scheiben Sauerteigbrot (Rezept Seite 88/89), 2 EL Pflaumen-Dattel-Chutney (Rezept Seite 82/83), Pfeffer

ZUBEREITUNG: 20 MIN

Weißkohl waschen und in feine Streifen schneiden. Räuchertofu sehr fein würfeln. Zwiebel abziehen und in halbe Ringe schneiden. Räuchertofu in einer Pfanne in 1 TL Butter ca. 5 Minuten kross anbraten. In einer zweiten Pfanne die Zwiebel in der restlichen Butter glasig anbraten, den Kohl zugeben, salzen und 5 Minuten braun anbraten.

Die Brote grillen bzw. rösten (siehe Frühlingsrezept). Senf mit Crème fraîche mischen. Ziegencamembert in vier Scheiben schneiden. Je zwei Brote mit Senfmischung und mit Chutney bestreichen. Den Kohl mit dem Räuchertofu mischen, pfeffern und auf die Senfmasse geben, den Ziegenkäse darüberlegen und mit den anderen Scheiben bedecken.

Sushi-Maki
mit schwarzem Reis

FÜR 2 PORTIONEN

150 g schwarzer Reis
1 kleine Karotte
½ Avocado
100 g Lachs in Sushi-Qualität
2 EL Vollrohrzucker
50 ml Reisessig
2–4 Blätter Nori Algen
100 g Frischkäse

Sushi-Matte

ZUBEREITUNG: 60 MIN

Den Reis mit 350 ml Wasser und Salz aufkochen und dann 30 Minuten zugedeckt köcheln lassen.

Die Karotte schälen, putzen und längs in dünne Stifte schneiden. Die Avocado entsteinen, das Fruchtfleisch mit einem großen Löffel vorsichtig aus der Schale lösen. Das Fruchtfleisch anschließend in Streifen schneiden. Den Lachs in feine Streifen schneiden.

Den Vollrohrzucker mit dem Reisessig vermischen und am Ende der Garzeit zu dem Reis geben und köcheln lassen, bis nahezu alle Flüssigkeit aufgesogen ist.

Die Profis halbieren für vier Sushi-Röllchen zwei Nori-Blätter, die Anfänger schneiden bei vier Nori-Blättern das obere Drittel mit einer Schere ab.

Das Nori-Blatt mit der glatten Seite nach unten quer zum Körper auf die Sushi-Matte legen, ein Viertel des Reises auf den unteren zwei Dritteln des Nori-Blattes locker verteilen. Das Gemüse und den Lachs sowie den Frischkäse auflegen. Das Nori-Blatt von unten eng aufrollen. Auf diese Weise vier Sushi-Rollen herstellen.

Sushi-Rollen mit einem sehr scharfen Messer in 2 cm dicke Maki-Röllchen schneiden, dabei wenig Druck ausüben. Die Maki mit der Schnittfläche nach oben auf zwei Teller verteilen.

Dazu Sojasauce mit Wasabipaste servieren und nach Belieben (selbst) eingelegten Ingwer.

Tipp: Die andere Hälfte der Avocado kannst du zum Beispiel für den Frühlingssmoothie (Rezept Seite 94/95) oder für den Quinoa-Salat (Rezept Seite 128/129) verwenden.

Gari, wie man den Sushi-Ingwer richtig bezeichnet, isst man zwischen den verschiedenen Sushi-Arten, um den Geschmack zu neutralisieren. Wir haben hier ja nur ein Rezept, trotzdem gehört der scharfe eingelegte Ingwer einfach dazu. Dafür 100 g Ingwer in hauchdünne Scheiben schneiden und ca. 2 Minuten in kochendem Wasser blanchieren. Etwas Vollrohrzucker, Salz und 75 ml Reisessig in einer Schüssel verrühren und den abgetropften Ingwer hineingeben. Fest verschließen und ca. 1 Woche im Kühlschrank ziehen lassen.

Pastinakenpüree
mit gerösteten Zucchini und Paprika

FÜR 2 PORTIONEN

2 Pastinaken
200 g Sahne
Salz
frisch gemahlener Pfeffer
2 Zucchini
1 rote Paprika
2 EL Olivenöl

ZUBEREITUNG: 30 MIN + 20 MIN BACKEN

Die Pastinaken schälen und klein schneiden. Mit der Sahne in einen Topf geben und 20–25 Minuten bei mittlerer Temperatur weich garen. Anschließend mit dem Pürierstab cremig pürieren. Mit Salz und Pfeffer abschmecken.

Inzwischen die Zucchini waschen, trocknen, die Enden abschneiden und längs in 1 cm lange Scheiben schneiden. Dann schräg in 3–4 cm lange Stücke schneiden. Die Paprika waschen, trocknen, von Samen und Scheidewänden befreien und in 3–4 cm große Stücke schneiden.

Den Backofen auf 220 °C (Grillfunktion) vorheizen. Ein Backblech mit Backpapier belegen. Die Paprika mit der Hautseite nach oben und die Zucchinistücke auf das Backpapier geben und mit dem Öl vermengen. Im Backofen auf der obersten Schiene 15–20 Minuten grillen, bis das Gemüse leicht gebräunt ist.

Das Gemüse mit Pfeffer und Salz würzen und mit dem Pastinakenpüree auf dem Teller anrichten.

Vegane Variante: Die Sahne kannst du durch eine pflanzliche Alternative zum Beispiel auf Soja-, Hafer- oder Reisbasis ersetzen.

Verpackungen schützen zwar die Lebensmittel, manchmal ist der Aufwand allerdings auch ganz schön übertrieben. Daher Lebensmittel möglichst unverpackt kaufen, das schont die Umwelt. Für den Einkauf einfach einen Korb oder einen Stoffbeutel verwenden. Die schweren Sachen kommen nach unten, die empfindlichen Lebensmittel wie Gemüse und Obst ganz nach oben.

Mango-Dhal

FÜR 2 PORTIONEN

150 g Berglinsen
½ Mango
200 g Blattspinat
1 rote Zwiebel
1 rote Chilischote
1 TL Kreuzkümmelsamen
1 TL Koriandersamen
1 TL braune Senfkörner
3 EL Ghee
½ TL Kurkuma
Salz

ZUBEREITUNG: 45 MIN

Die Linsen in ein Sieb geben, heiß abwaschen und verlesen. In 400 ml Salzwasser bei geringer Temperatur 30 Minuten garen.

Inzwischen die Mango schälen, vom Kern lösen und fein würfeln. Den Blattspinat waschen, trockenschütteln und in feine Streifen schneiden. Die Zwiebel abziehen und fein würfeln. Die Chilischote waschen, das Ende abschneiden, entkernen und fein hacken.

Die Kreuzkümmel- und Koriandersamen sowie die Senfkörner in einem Mörser leicht anstoßen. Das Ghee in einem Topf erhitzen. Die Samen und Körner hinzugeben und kurz darin rösten. Nach ca. 30 Sekunden die Zwiebel zugeben und kurz anbraten.

Die Linsen mit Restflüssigkeit, den Spinat, die Chili und das Kurkuma zum Ghee geben und 5 Minuten bei mittlerer Temperatur köcheln lassen. Dann die Mango zugeben und 2 Minuten köcheln, mit Salz abschmecken und servieren.

Tipp: Die Linsen können auch am Vortag vorbereitet werden. Die andere Hälfte der Mango kanst Du entweder für das Blumenkohlcurry (Rezept Seite 174/175) oder für den Chia-Pudding (Rezept Seite 190/191) verwenden.

Die meisten von uns kennen die braunen Tellerlinsen, die gerne in Eintöpfen verwendet werden. Die schwarzen Belugalinsen eignen sich gut für Salate, genauso wie Berglinsen, die man aber auch in Suppen verwenden kann. Rote Linsen kann man sehr schnell in der Küche einsetzen, da sie wegen der fehlenden Schale nicht eingeweicht werden müssen. Daher sind sie ideal für Pasten oder Suppen.

Saisonale Burger

Frühling

Forelle-Spinat-Schafskäse

FÜR 2 PORTIONEN

30 g Hanfsamen
50 g Vollkornsemmelbrösel
   (selbst gemacht)
150 g Forellenfilet ohne Haut
50 g Crème fraîche
Salz
weißer Pfeffer
1 kleine Frühlingszwiebel
100 g Schafskäse
frisch gemahlener Pfeffer
1 Handvoll junger Spinat
3 EL Rapsöl

2 selbst gemachte Brötchen
   (Rezept Seite 86/87)
   in runder Form

ZUBEREITUNG: 25 MIN + 30 MIN KÜHLEN

Die Hanfsamen und 25 g Semmelbrösel in den Blitzhacker geben und zu einer feinen Panade mahlen, auf einen Teller geben und beiseite stellen.

Das Forellenfilet kalt abspülen, trockentupfen, halbieren und eine Hälfte fein würfeln. 25 g Crème fraîche mit dem Salz, dem Pfeffer und den Forellenwürfeln in den Blitzhacker geben und zu einer Farce pürieren. Die restlichen Semmelbrösel unterheben und aus der Masse zwei runde, 2 cm hohe Pattys formen. Diese in der Panade wälzen, sodass alles gut bedeckt ist und für 30 Minuten bis zur Weiterverarbeitung in den Kühlschrank stellen.

Die Frühlingszwiebel waschen, putzen und fein hacken. Den Schafskäse abtropfen, zerbröseln und mit der restlichen Crème fraîche und der Frühlingszwiebel mithilfe einer Gabel zu einer homogenen Masse verrühren. Mit Salz und Pfeffer würzen.

Den Spinat waschen und trockenschütteln. Die Burgerbrötchen aufschneiden und in einer Pfanne ohne Fett rösten.

Das Öl in einer beschichteten Pfanne erhitzen. Die Burgerpattys aus dem Kühlschrank nehmen, mit der Rückseite eines Löffels eine Mulde in die Mitte der Pattys drücken und bei mittlerer Temperatur 5–6 Minuten von jeder Seite braten.

Die Brötchenhälften mit der Schafskäsecreme bestreichen, auf die untere Hälfte den Spinat verteilen und darauf den Fischpatty legen. Mit der oberen Brötchenhälfte belegen.

Sommer

Pute-Zucchini-Erdbeer-Mozzarella

FÜR 2 PORTIONEN

1 kleine Zucchini
3 Erdbeeren
1 kleine Handvoll Rucola
50 g Frischkäse
   (Rezept Seite 84/85)
Pfeffer
½ Kugel Mozzarella
2 Putensteaks (à 150 g)
2 EL Olivenöl
2 selbstgemachte Brötchen
   (Rezept Seite 86/87)
   in runder Form

ZUBEREITUNG: 35 MIN

Zucchini waschen, putzen und längs in dicke Scheiben schneiden. Erdbeeren waschen, putzen und in Scheiben schneiden. Rucola waschen und trockenschütteln. Frischkäse mit Pfeffer abschmecken. Mozzarella in Scheiben schneiden. Putensteaks waschen und trockentupfen.

In einer Grillpfanne das Öl erhitzen und das Fleisch 5 Minuten pro Seite und die Zucchini 3 Minuten pro Seite anbraten. Nach dem Wenden den Mozzarella auf das Putenfleisch legen.

Die Brötchen in einer Pfanne ohne Fett rösten, mit Frischkäse bestreichen und Rucola, Zucchini, Putensteak und Erdbeeren daraufschichten. Mit oberer Brötchenhälfte bedecken.

Erdbeeren ganz vorsichtig in einer Schüssel mit Wasser waschen, denn unter dem harten Wasserstrahl leiden die empfindlichen Früchtchen schnell und schlimmstenfalls gehen das wunderbare Aroma und die Inhaltsstoffe verloren. Den Strunk erst nach dem Waschen entfernen.

Herbst

Pilz-Walnuss-Camembert

FÜR 2 PORTIONEN

ZUBEREITUNG: 50 MIN

150 g braune Champignons oder
  andere Pilze (zum Beispiel Pfifferlinge, Kräutersaitlinge, Steinpilze,
  Maronen)
1 Schalotte
1 Knoblauchzehe
1 Zweig Thymian
2 EL Butter
1 kleine Birne
2 Blätter Eichblattsalat
50 g Walnüsse
1 Ei (Größe L)
1 kleiner, runder Camembert
  (ca. 100 g)
1 EL Vollkornmehl
2 selbstgemachte Brötchen
  (Rezept Seite 86/87)
  in runder Form
1 EL Öl

Pilze putzen und vierteln. Schalotte und Knoblauch abziehen und fein hacken. Thymian waschen, trockenschütteln,
Blättchen abzupfen und fein hacken. Pilze in einer beschichteten Pfanne ohne Fett bei mittlerer Temperatur unter
Schwenken 5–7 Minuten braten, bis das Wasser ausgetre-
ten und wieder verdampft ist. Dann 1 EL Butter, Zwiebel
und Knoblauch dazugeben und unter Rühren 3–4 Minuten anbraten. Auskühlen lassen und alles fein pürieren.

Birne waschen, entkernen und auf einem Gemüsehobel
in feine Scheiben hobeln. Salat waschen und trocknen.
Nüsse in einen Blitzhacker geben, fein mahlen und auf
einen Teller geben. Das Ei mit einem Schneebesen verquirlen und in einen weiteren Teller geben. Den Käse
horizontal halbieren und jeweils beide Seiten mit Mehl
bestauben, dann in Ei und danach im Nussmehl wälzen.

Die Brötchen in einer Pfanne ohne Fett rösten. Restliche
Butter und Öl in einer Pfanne erhitzen und den Käse ca.
5 Minuten braten, nach der Hälfte der Zeit wenden. Brötchen mit Pilzcreme bestreichen und mit Salat, Käse und
Birne anrichten. Mit der oberen Brötchenhälfte bedecken.

Winter

Pastinake-Grünkohl-Bergkäse

FÜR 2 PORTIONEN

ZUBEREITUNG: 40 MIN

200 g Pastinake
40 g Bergkäse
2 EL Kichererbsenmehl
1 Eiweiß
Salz, Pfeffer
2 große Grünkohlblätter
½ Orange
2 selbstgemachte Brötchen
  (Rezept Seite 86/87)
  in runder Form
1 EL Öl
2–3 EL selbst gemachte Orangen-
  mayonnaise (Rezept Seite 75)

Pastinake schälen und grob raspeln. Bergkäse ebenfalls
grob raspeln. Mit Kichererbsenmehl und Eiweiß vermengen, kräftig salzen und pfeffern und zwei runde, ca. 2 cm
hohe Pattys formen. Grünkohl waschen, trockenschütteln,
vom Stiel trennen und grob schneiden. Orange schälen
und quer in Scheiben schneiden.

Die Brötchen in einer Pfanne ohne Fett rösten. Öl in die
Pfanne geben und Pattys 4–5 Minuten pro Seite bei mittlerer Temperatur anbraten. Brötchen mit Mayonnaise
bestreichen. Grünkohl auf die untere Hälfte legen, Patty
daraufgeben, Orangenstücke darüberlegen und mit der
oberen Brothälfte bedecken.

Sauerkraut
mit Kartoffelstampf à la Asia

FÜR 2 PORTIONEN

Kartoffelstampf
500 g mehligkochende Kartoffeln
100 g Sahne
Salz

Kokoscurry-Sauerkraut
400 g selbst gemachtes Sauerkraut
    (Rezept unten)
200 ml Kokosmilch
1 EL gelbe Currypaste

Karamellisiertes Gemüse
1 Paprika
2 Karotten
2 EL geröstetes Sesamöl
1 EL Vollrohrzucker

ZUBEREITUNG: 30 MIN

Die Kartoffeln schälen, grob würfeln und in Salzwasser weich kochen. Wasser abgießen, Sahne zugeben und mit dem Kartoffelstampfer grob zu einer homogenen Masse zerstampfen.

Inzwischen das Sauerkraut erhitzen und 10 Minuten köcheln lassen. Dann die Kokosmilch und die Currypaste hinzufügen und weitere 5 Minuten köcheln lassen.

Paprika und Karotten waschen, die Paprika von Samen und Scheidewänden befreien und die Karotte schälen. Paprika in 3 cm breite Streifen, dann schräg in 3 cm große Stücke schneiden. Karotten schräg in Scheiben schneiden.

In einer beschichteten Pfanne das Sesamöl erhitzen und die Karotten anbraten, nach 5 Minuten die Paprika zugeben und mit Zucker bestreuen. Sobald der Zucker karamellisiert, häufiger umrühren und weitere 3 Minuten braten.

Selbst gemachtes Sauerkraut

FÜR 500 G

½ Kopf Weißkohl (ca. 500 g),
    fein gehobelt
2 kleine weiße Zwiebeln, gehobelt
2 Knoblauchzehen, klein geschnitten
10 g unraffiniertes Meersalz

ZUBEREITUNG: 45 MIN + 4–6 WOCHEN FERMENTIEREN

Alle Zutaten in einer großen Schüssel verkneten, bis das Sauerkraut triefend nass ist.

Dann das Kraut sehr dicht in ein sterilisiertes Bügelglas stopfen und schichten. Das verhindert, dass Luftblasen eingeschlossen werden. Das Kraut muss ausreichend von der Lake bedeckt sein. Gegebenenfalls noch etwas Wasser hinzugeben. Gewichte zur Beschwerung auf das Kraut auflegen, sodass das Kraut vollständig mit Lake bedeckt ist. Dann das Bügelglas verschließen.

Dunkel aufgestellt mit einen Teller darunter 4–6 Wochen bei Zimmertemperatur fermentieren lassen. Gegebenenfalls in den ersten 3 Tagen das Glas kurz öffnen, damit Gärgase entweichen können.

Das fertige Kraut im Kühlschrank aufbewahren oder, um es länger haltbar zu machen, einkochen und in sterilisierte Schraubgläser füllen.

Zander
auf italienischem Sommergemüse

FÜR 2 PORTIONEN

½ Knolle Fenchel
150 g Datteltomaten
1 kleine rote Zwiebel
60 g schwarze Oliven
   (ohne Stein in Salzlake)
2 EL Olivenöl
1 EL Vollrohrzucker
3 EL Condimento Bianco Essig
Salz
frisch gemahlener Pfeffer
2 Zanderfilets (à 150 g)

ZUBEREITUNG: 40 MIN

Den Fenchel und die Tomaten waschen und trocknen. Die Fenchel-Enden abschneiden und mit dem Gemüsehobel fein hobeln. Die Zwiebel abziehen, halbieren und in feine Ringe schneiden. Die Oliven in Ringe schneiden.

In einer beschichteten Pfanne 1 EL Öl erhitzen, den Fenchel darin 5 Minuten anbraten, die Zwiebel zugeben und glasig anschwitzen. Mit Vollrohrzucker karamellisieren, die Tomaten dazugeben und rühren, bis sie leicht aufplatzen. Dann mit Essig ablöschen und mit Salz und Pfeffer würzen.

Die Zanderfilets unter fließendem Wasser abspülen und trockentupfen. Eine beschichtete Pfanne erhitzen. Ein Blatt Backpapier auf Pfannenbodengröße zuschneiden. Das restliche Öl auf das Backpapier geben und die Zanderfilets auf der Hautseite bei mittlerer Temperatur ca. 4 Minuten braten, dann wenden und weitere 3 Minuten braten. Mit Salz und Pfeffer würzen.

Das Gemüse auf Teller geben, die Zanderfilets darauf anrichten und servieren.

Tipp: Die andere Hälfte des Fenchels kannst du für das Graupenrisotto (Rezept Seite 176/177) verwenden.

Übrigens: Hinter pechschwarzen Oliven verbergen sich eigentlich grüne Oliven, die eingefärbt wurden. Ein Zusatz „gefärbt" ist leider gesetzlich nicht vorgeschrieben. Deshalb achte am besten darauf, dass schwarze Oliven eher auberginenfarben und nicht einheitlich dunkel sind, denn das ist ein Zeichen dafür, dass sie tatsächlich am Baum von grün zu schwarz gereift sind.

Zucchininudeln
mit Butternut-Sauce

FÜR 2 PORTIONEN

2 Zucchini
2 EL Rapsöl
½ TL Salz
frisch gemahlener Pfeffer
1 kleiner Butternut-Kürbis (ca. 300 g)
1 Stängel Thymian
1 Knoblauchzehe
150 ml Hafersahne
1 EL Kürbiskerne

ZUBEREITUNG: 30 MIN

Die Zucchini waschen, die Enden abschneiden und mit einem Spiralschneider in lange, dünne Streifen schneiden. Alternativ mit einem Sparschäler in breite Streifen schneiden und diese dann mit einem scharfen Messer in Bandnudelbreite zurechtschneiden. Die Zucchininudeln 1 Minute in kochendem Wasser blanchieren. Mit 1 EL Rapsöl vermengen und mit Salz und Pfeffer würzen, bei geschlossenem Deckel warm halten.

Den Kürbis schälen, entkernen, halbieren und grob würfeln. Den Thymian waschen, trockenschütteln und Blättchen abzupfen. Den Knoblauch abziehen und fein hacken.

Eine Hälfte der Kürbiswürfel mit der Hafersahne in einen Topf geben, salzen und 10 Minuten kochen, dann den Thymian zugeben, pfeffern und pürieren.

Inzwischen eine Pfanne erhitzen, das restliche Öl zugeben, den Knoblauch darin anbraten und die restlichen Kürbiswürfel dazugeben. 2 Minuten scharf anbraten, dann die Kürbiskerne zugeben und eine weitere Minute braten.

Die Zucchininudeln mit der Kürbissauce vermengen und mit den Kürbiswürfeln und -kernen bestreut servieren.

Statt eines Spiralschneiders kannst du auch einfach einen Sparschäler verwenden, die Zubereitung dauert dann natürlich länger. Du kannst auch aus anderen Sorten Gemüsenudeln zaubern, wie wäre es zum Beispiel mit Tagliatelle à la Karotten, Rote Bete oder Kohlrabi?

Gefüllte Ravioli
mit Süßkartoffel

FÜR 2 PORTIONEN

75 g Kastanienmehl
100 g Dinkelvollkornmehl
1 Ei (Größe L)
2 EL Olivenöl
½ TL Salz
150 g Süßkartoffel
70 g Ricotta
Salz
frisch gemahlener Pfeffer
1 kleine Handvoll Salbeiblätter
50 g Butter

Nudelmaschine
Nudelrad oder Pizzaroller

ZUBEREITUNG: 80 MIN

Die Mehle, das Ei, das Öl, das Salz und 3 EL Wasser in eine Schüssel geben und mit den Knethaken des Handrührgeräts 5 Minuten zu einer homogenen Masse verkneten. Den Teig abgedeckt 30 Minuten bei Zimmertemperatur ruhen lassen.

Inzwischen die Süßkartoffel waschen, schälen, würfeln und in einen Topf mit Wasser geben und 30 Minuten weich kochen. Das Wasser abgießen, die Süßkartoffel mit einem Kartoffelstampfer oder einer Gabel zerstampfen, den Ricotta zugeben und gründlich vermengen. Mit Salz und Pfeffer abschmecken.

Den Nudelteig auf einer bemehlten Arbeitsfläche dünn und rechteckig ausrollen, am besten aber mit der Nudelmaschine Teigbahnen ausrollen. Auf die Hälfte der Teigmasse mit einem Teelöffel kleine Süßkartoffelhäufchen im Abstand von 2 cm auf die Teigplatte setzen. Die andere Teighälfte darüber falten. Mit dem Stiel eines runden Holzkochlöffels die Zwischenräume der abgedeckten Teighäufchen schließen, indem die obere und untere Teigplatte durch sanften Druck und leichtes Rollen des Löffelstiels aneinander gepresst werden. Diese Vorgehen rings um alle „Teighäufchen" wiederholen. Dann mit einem Nudelrad oder Pizzaroller längs und quer entlang der Ravioli schneiden und so voneinander trennen. So erhalten sie ihre typische Form. Vorsichtig mit einem flachen Messer oder einer Palette die Nudelteigtaschen von der Arbeitsfläche lösen und 3 Minuten im siedenden Salzwasser gar ziehen lassen.

Den Salbei waschen und trockentupfen. Die Butter in einer Pfanne zerlassen. Salbei darin sehr kurz schwenken (die Butter darf nicht zu heiß werden, damit der Salbei nicht verbrennt und bitter wird). Die Nudeln zugeben und ebenfalls schwenken. Sofort servieren.

Saisonale Gemüsepfanne

Frühling

Bulgur-Wildkräuter-Spargel

FÜR 2 PORTIONEN

100 g Bulgur
50 g gemischte (Wild-)Kräuter
100 g Sojajoghurt natur, ungesüßt
½ TL Salz
1 EL Leinöl
weißer Pfeffer
350 g weißer und grüner Spargel
100 g junge Karotten
2 Frühlingszwiebeln
2 EL Olivenöl

ZUBEREITUNG: 40 MIN

Bulgur in 200 ml Wasser zum Kochen bringen, dann 10 Minuten unter gelegentlichem Rühren bei geringer Temperatur köcheln lassen.

Kräuter waschen, trockenschütteln, gegebenenfalls Stiele abtrennen, Blättchen klein hacken und mit Sojajoghurt, Salz und Leinöl glatt rühren. Mit Pfeffer abschmecken.

Den weißen Spargel schälen, den grünen Spargel im unteren Drittel schälen und die Enden abschneiden. Karotten und Frühlingszwiebeln waschen und putzen. Das Gemüse schräg in breite Streifen schneiden.

In einer beschichteten Pfanne 1 EL Öl erhitzen und die Karotten 2–3 Minuten unter gelegentlichem Rühren anbraten. Das restliche Öl in die Pfanne geben und den Spargel 2–3 Minuten unter gelegentlichem Rühren anbraten, dann die Frühlingszwiebeln für 1–2 Minuten dazugeben.

Das Gemüse mit dem Kräuterjoghurt auf dem Bulgur anrichten und servieren.

Frischen Spargel erkennst du daran, dass die Stangen quietschen, wenn du sie aneinander reibst. Außerdem würde er eher brechen, als sich biegen zu lassen. Die Enden sollten auch nicht trocken und ausgefranst aussehen.

Sommer

Couscous-Erbsen-Ziegencamembert

FÜR 2 PORTIONEN

Himbeersauce
100 g Himbeeren
1 Frühlingszwiebel
1 Zweig Rosmarin
1 EL Olivenöl

Gemüsepfanne
300 g Erbsenschoten
300 g gelbe und grüne Zucchini
1 EL Olivenöl
100 g Couscous
100 g Ziegencamembert-Rolle
2 EL Erbsensprossen
Salz
Pfeffer

Flambierbrenner

ZUBEREITUNG: 50 MIN

Himbeeren vorsichtig in einem Sieb waschen. Frühlingszwiebel waschen, putzen und schräg in Scheiben schneiden. Rosmarin waschen und trockenschütteln. In einem Topf 1 EL Olivenöl erhitzen und Frühlingszwiebel kurz scharf anbraten. Himbeeren zugeben und alles pürieren. Rosmarin zugeben, kurz aufkochen, dann den Herd ausschalten und zugedeckt 15 Minuten ziehen lassen.

Erbsen palen. Zucchini waschen, putzen, halbieren und schräg in Scheiben schneiden. Erbsen in Salzwasser 1 Minute blanchieren, mit Eiswasser abschrecken. In einem Topf das Öl erhitzen, Zucchini 3–5 Minuten anbraten. Couscous mit 200 ml kochendem Wasser übergießen, abgedeckt 5 Minuten quellen lassen. Ziegencamembert-Rolle in vier Scheiben schneiden.

Zum Servieren Rosmarin aus der Himbeersauce entfernen und die Sauce durch ein feines Sieb streichen. Couscous mit Gemüse und Sprossen vermengen. Salzen, pfeffern und die Sauce darübergeben. Den Käse daraufgeben und mit einem Flambierbrenner etwas anschmelzen.

Herbst

Maronen-Kürbis-Gorgonzola

FÜR 2 PORTIONEN

100 g Maronen
150 g Kürbis, zum Beispiel Hokkaido
1 rote Zwiebel
2 Steinpilze
½ rote Birne
100 g Hirse
100 g Sahne
30 g Gorgonzola
2 EL Butter
3 EL Marsala
Salz
Pfeffer

ZUBEREITUNG: 50 MIN

Die Maronen kreuzartig einritzen, in einen Topf geben und knapp mit Wasser bedecken. Zugedeckt 15–20 Minuten köcheln, abgießen, abkühlen lassen und schälen. Kürbis gut waschen, Kerne entfernen und in schmale Spalten schneiden. Diese mittig teilen. Zwiebel abziehen, die Enden abschneiden, längs vierteln und die einzelnen Schichten ablösen. Pilze putzen, Stiel knapp abschneiden und längs in dünne Scheiben schneiden. Birne waschen, entkernen und längs in Scheiben schneiden.

Die Hirse heiß abspülen, mit 200 ml Wasser aufkochen, 5 Minuten kochen lassen, danach vom Herd nehmen und weitere 10 Minuten quellen lassen.

Maronen und Sahne glatt pürieren. Mit Gorgonzola in einen Topf geben, aufkochen und unter Rühren schmelzen lassen.

Pilze in einer Pfanne ohne Fett bei hoher Temperatur 5 Minuten unter ständigem Rühren anbraten. 1 EL Butter in die Pfanne geben und Kürbis 3–4 Minuten anbraten. Restliche Butter in die Pfanne geben und Zwiebel 5 Minuten anbraten. Mit Marsala ablöschen und 1 Minute weich schmoren.

Hirse auf einen Teller anrichten, Gemüse und Birne darüberschichten, salzen und pfeffern und mit Sauce servieren.

Winter

Schwarzwurzel-Rosenkohl-Meerrettich

FÜR 2 PORTIONEN

ZUBEREITUNG: 45 MIN

Gemüsepfanne
200 g Schwarzwurzeln
200 g Rosenkohl
200 g Rote Bete
100 g Quinoa
1 EL Haselnüsse
2 EL Rapsöl

Meerrettichsauce
10 g Meerrettich
1 kleine Kartoffel
1 Saftorange
1 Prise Zimt
2 EL Honig
Salz

Schwarzwurzeln, Rosenkohl und Rote Bete schälen, dabei Einmalhandschuhe tragen. Rosenkohlstiel kreuzförmig einritzen, Rote Bete und Schwarzwurzeln in Stifte schneiden. Schwarzwurzeln in etwas Zitronenwasser legen, damit sie nicht oxidieren und braun werden. Rosenkohl in reichlich sprudelndem Salzwasser 3–4 Minuten bissfest blanchieren. Abgießen, in Eiswasser abschrecken, abtropfen lassen und halbieren.

Quinoa in einem feinen Sieb mit heißem Wasser gründlich waschen, um die Bitterstoffe auszuwaschen. In 250 ml Salzwasser 20 Minuten kochen, den Herd ausstellen und 10 Minuten quellen lassen. Haselnüsse in einer Pfanne ohne Fett unter Rühren 5 Minuten rösten, aus der Pfanne nehmen, abkühlen lassen und grob hacken.

Für die Sauce Meerrettich und Kartoffel schälen und fein reiben. Orange auspressen, mit Zimt und Honig in einen Topf geben und erhitzen. Kartoffel dazugeben, 5 Minuten kochen und fein pürieren. Meerrettich hinzugeben und mit Salz abschmecken.

In einer beschichteten Pfanne 1 EL Rapsöl erhitzen und Rote Bete 6 Minuten braten, dabei immer wieder wenden. Restliches Rapsöl in die Pfanne geben, Schwarzwurzeln abgießen und 5 Minuten anbraten. Rosenkohl zugeben und weitere 2 Minuten braten. Quinoa auf einen Teller geben, Gemüse darüber anrichten, mit der Sauce beträufeln und gehackte Haselnüsse darüberstreuen.

Garnelensuppe

FÜR 2 PORTIONEN

½ Galia-Melone (ca. 350 g)
800 ml Gemüsefond
  (Rezept Seite 68)
1–2 cm Ingwer
1 Stängel Zitronengras
3 Kaffirlimettenblätter
  (TK, aus dem Asialaden)
150 g Süßkartoffel
150 g küchenfertige Garnelen
50 g junger Spinat
3 EL Sojasauce
2 EL geröstetes Sesamöl

ZUBEREITUNG: 50 MIN

Die Melone entkernen und das Fruchtfleisch mit dem Löffel auslösen. Mit dem Gemüsefond in einen Topf geben und pürieren. Den Ingwer schälen und fein hacken. Das Zitronengras waschen, die Enden abschneiden, die äußere Schale entfernen und platt klopfen. Den Ingwer, das Zitronengras und die Kaffirlimettenblätter zum Fond geben und 15–20 Minuten mit geschlossenem Deckel bei mittlerer Temperatur köcheln lassen. Danach den Fond durch ein feines Sieb abseihen.

Inzwischen die Süßkartoffel schälen und in feine Stifte schneiden. Den Spinat waschen. Den Fond erhitzen und die Süßkartoffel darin bissfest garen. Dann den Spinat und die Garnelen zugeben. Die Suppe mit der Sojasauce und dem Sesamöl würzen und vor dem Servieren 5 Minuten gar ziehen lassen.

Tipp: Die andere Hälfte der Melone entweder als Nachtisch verspeisen oder für selbst aromatisiertes Wasser (Rezept Seite 92/93) verwenden.

Bevor du alleine daheim dein Süppchen kochst, lad dir doch mal Freunde zum Kochen ein. Das macht nicht nur riesigen Spaß, sondern spart auch Energie. Mit Musik und netten Leuten wird deine Küche so zur Schnippeldisko.

Hähnchenschenkel
mit Lavendel

FÜR 2 PORTIONEN

2 Hähnchenschenkel (ca. 600 g)
5 Lavendelstängel mit Blüten
abgeriebene Schale
   1 unbehandelten Zitrone
½ TL Salz
½ TL weißer Pfeffer
1 EL Vollrohrzucker
400 g festkochende Kartoffeln
1 EL Olivenöl
Aprikosen-Ketchup (Rezept
   Seite 74), nach Belieben

ZUBEREITUNG: 25 MIN + 35 MIN BACKEN

Den Backofen auf 220 °C (Umluft + Grill, Ober-/Unterhitze nicht empfehlenswert) vorheizen. Die Hähnchenschenkel unter fließendem Wasser waschen und anschließend trockentupfen. Die Lavendelblüten waschen, gut trocknen, vom Stiel lösen und mit Zitronenschale, Salz, Pfeffer und Zucker zu einer homogenen Masse mörsern.

Die Marinade gleichmäßig unter der Haut der Hähnchenschenkel verteilen und einmassieren. Die Kartoffeln waschen, trockenreiben und längs vierteln bzw. achteln, mit Öl vermengen und in eine feuerfeste Form legen. Die Hähnchen auf die Kartoffeln legen und 30–35 Minuten im Backofen auf der mittleren Schiene backen. Wenn das Hähnchen knusprig braun und die Kartoffeln gar sind, aus dem Backofen nehmen. Die Kartoffeln salzen und nach Belieben mit Aprikosen-Ketchup servieren.

Wer denkt bei Lavendel nicht an die großen Felder in Südfrankreich? Der Duft dieser hübschen Pflanze hat ja bekanntlich eine beruhigende Wirkung. Dafür die Blüten des Echten Lavendels trocknen lassen und luftdicht in einem Schraubglas aufbewahren. Pro Tasse 1 EL Lavendel mit etwas heißem, aber nicht mehr kochendem Wasser aufgießen und 3 Minuten ziehen lassen. Vor dem Einschlafen beschert dir dieser Tee süße Träume.

Blumenkohlcurry
mit Aubergine

FÜR 2 PORTIONEN

1 Blumenkohl
1 Aubergine
½ Mango
1 Limette
½ Bund Koriander
1 TL Kreuzkümmelsamen
1 TL schwarze Pfefferkörner
1 TL schwarze Senfkörner
5 Kardamomkapseln
400 ml Kokosmilch
1 TL Kurkuma
1 Msp. Chilipulver
1 TL Salz

ZUBEREITUNG: 55 MIN

Den Blumenkohl putzen, waschen und kleine Röschen ab-trennen. Die Aubergine waschen, die Enden abschneiden und würfeln. Die Mango schälen, vom Stein lösen und würfeln. Die Limette auspressen. Den Koriander waschen, trockenschütteln und fein hacken.

Den Kreuzkümmel, den Pfeffer und den Senf in eine Pfanne geben und ca. 30 Sekunden anrösten. Dann in einem Mörser fein zerkleinern. Den Kardamom im Mör-ser anstoßen.

Eine Pfanne erhitzen, das feste Fett von der Kokosmilch hineingeben und den Blumenkohl darin 5 Minuten an-braten. Den Limettensaft, die Aubergine, die restliche Kokosmilch und die Gewürze zugeben. Mit Kurkuma, Chilipulver und Salz würzen und zugedeckt bei mittlerer Temperatur 20 Minuten köcheln lassen. 2 Minuten vor dem Ende der Garzeit die Mango zugeben. Mit Koriander bestreut servieren.

Tipp: Die andere Hälfte der Mango kannst du entweder für das Mango-Dhal (Rezept Seite 152/153) oder für den Chia-Pudding (Rezept Seite 190/191) verwenden.

Welches Obst und Gemüse darf in den Kühlschrank, welches nicht? Relativ einfach beantwortet, wenn du dich fragst, in welcher Klimazone das Gemüse oder die Frucht wächst. Süd-früchte wie Ananas, Mango oder Bananen, aber auch Gemüse wie Zucchini, Tomaten, Auberginen und Paprika sollten nicht im Kühlschrank gelagert werden. Für die Kohl- und Salatsorten und Rhabarber ist die Kälte kein Problem.

Graupenrisotto

FÜR 2 PORTIONEN

½ Knolle Fenchel (ca. 200 g)
40 g getrocknete Tomaten
1 kleine Zwiebel
1 Knoblauchzehe
40 g Parmesan
1 EL Butter
1 EL Olivenöl
100 ml Weißwein
300 ml Gemüsebrühe
   (Rezept Seite 69)
75 g Gerstengraupen (Rollgerste)

ZUBEREITUNG: 50 MIN

Den Fenchel waschen, putzen und fein würfeln. Die Tomaten in feine Streifen schneiden. Die Zwiebel und den Knoblauch abziehen und fein hacken. Den Parmesan reiben.

Die Butter und das Öl in einem Topf zerlassen, den Knoblauch und die Zwiebel darin anbraten, den Fenchel dazugeben und kurz mitbraten. Die Graupen hinzugeben und unter Rühren kurz anrösten, dann mit Weißwein ablöschen. Bei mittlerer Temperatur garen, dabei immer wieder umrühren. Sobald die Flüssigkeit eingekocht und die Graupen diese nahezu vollständig aufgenommen haben, die Brühe portionsweise angießen. Diesen Vorgang wiederholen, bis die Flüssigkeit aufgebraucht ist, dabei immer wieder umrühren. Das dauert ca. 30 Minuten.

5 Minuten vor Ende die Tomaten zugeben. Den Parmesan unterheben, cremig verrühren und servieren.

Tipp: Die andere Hälfte des Fenchels kannst du für den Zander auf italienischem Sommergemüse (Rezept Seite 160/161) verwenden.

Saisonale Flammkuchen

Flammkuchen Grundrezept

FÜR 2 PORTIONEN

175 g Dinkelvollkornmehl
75 g Buchweizenmehl
75 g weiche Butter
100 g Quark (20 % Fett)

ZUBEREITUNG: 5 MIN

Den Backofen auf 220 °C (Umluft nicht empfehlenswert) vorheizen. Mehle mit Butter und Quark in eine Schüssel geben und mit den Knethaken des Handrührgeräts zügig zu einem homogenen Teig verkneten.

Frühling

Kohlrabi-Grapefruit-Appenzeller

FÜR 2 PORTIONEN

1 kleiner Kohlrabi
1 rote Zwiebel
1 Knoblauchzehe
1 unbehandelte Grapefruit
150 g Naturjoghurt (3,5 % Fett)
1 TL gemahlener Kreuzkümmel
Salz
100 g Appenzeller
1 EL Rapsöl
frisch gemahlener Pfeffer

ZUBEREITUNG: 30 MIN + 15 MIN BACKEN

Den Kohlrabi schälen und mit einer Gemüsereibe in feine Scheiben hobeln. Zwiebel und Knoblauch abziehen, Zwiebel in feine Ringe schneiden und Knoblauch fein hacken.

Die Grapefruit heiß waschen und die halbe Schale abreiben. Abrieb mit Joghurt und Kreuzkümmel mischen und mit Salz abschmecken. Den Käse reiben.

Das Öl in einer Pfanne erhitzen. Knoblauch und Zwiebel anbraten, Kohlrabi zugeben und ca. 5 Minuten braun anbraten.

Den Teig (Grundrezept oben) sehr dünn auf ein mit Backpapier ausgelegtes Backblech ausrollen, mit Joghurt bestreichen, mit Kohlrabi belegen und mit Käse bestreuen. Im Backofen 12–15 Minuten backen. Salzen, pfeffern und gleich servieren.

Tipp: Die restliche Grapefruit anders verwenden, zum Beispiel für einen Smoothie oder einen frisch gepressten Saft.

Sommer

Löwenzahn-Tomate-Mozzarella

FÜR 2 PORTIONEN

1 EL Thymianblättchen
70 g schwarze Oliven ohne Stein
3 EL Olivenöl
125 g Cocktailtomaten
1 Handvoll frische Löwenzahnblätter
125 g Mozzarella
Salz
Pfeffer

ZUBEREITUNG: 20 MIN + 15 MIN BACKEN

Thymian mit Oliven und Olivenöl im Blitzhacker zu einer cremigen Tapenade verarbeiten.

Tomaten waschen und halbieren, Löwenzahn waschen und trockenschütteln und Käse in kleine Stücke zupfen.

Den Teig (Grundrezept Seite 179) sehr dünn auf einem mit Backpapier ausgelegten Backblech ausrollen, mit Tapenade bestreichen, mit Tomaten und Mozzarella belegen und im Backofen 12–15 Minuten backen. Salzen, pfeffern und mit Löwenzahn bestreut servieren.

Herbst

Apfel-Zwiebel-Comté

FÜR 2 PORTIONEN

1 Apfel
1 kleine rote Zwiebel
30 g Haselnüsse
3 EL Crème fraîche
75 g Comté

ZUBEREITUNG: 20 MIN + 15 MIN BACKEN

Apfel waschen und in feine Scheiben hobeln. Zwiebel abziehen und in feine Ringe schneiden. Nüsse grob hacken.

Den Teig (Grundrezept Seite 179) sehr dünn auf einem mit Backpapier ausgelegten Backblech ausrollen, mit Crème fraîche bestreichen, mit Apfel, Zwiebel und Haselnüssen belegen, Comté darüberreiben und im Backofen 12–15 Minuten backen. Salzen, pfeffern und servieren.

Winter

Lila-Karotten-Postelein-Manouri

FÜR 2 PORTIONEN

1 lila Karotte (zum Beispiel
   Purple Haze)
1 kleine Handvoll Postelein
3 EL Crème fraîche
50 g Manouri
Salz
Pfeffer

ZUBEREITUNG: 20 MIN + 15 MIN BACKEN

Karotte putzen, nach Belieben schälen und in feine Scheiben hobeln. Postelein waschen und trockenschütteln.

Den Teig (Grundrezept Seite 179) sehr dünn auf einem mit Backpapier ausgelegten Backblech ausrollen, mit Crème fraîche bestreichen, Karotte darauf verteilen und im Backofen 12–15 Minuten backen. Mit Postelein bestreuen, Manouri darüberbröseln. Salzen, pfeffern und servieren.

Asia Bowl
mit selbst gemachten Soba-Nudeln

FÜR 2 PORTIONEN

125 g Buchweizenmehl
25 g Dinkelvollkornmehl
2 Knoblauchzehen
1 Peperoni
2 cm Ingwer
100 g Champignons
100 g Mangold
2 Frühlingszwiebeln
2 EL Sesamöl
500 g Gemüsefond
  (Rezept Seite 68)
3 EL Sojasauce
1 TL Ahornsirup

Nudelmaschine

ZUBEREITUNG: 35 MIN + 30 MIN NUDELN HERSTELLEN

Das Buchweizenmehl und das Dinkelvollkornmehl mit 170 ml Wasser mischen und 5 Minuten mit den Knethaken eines Handrührgeräts zu einem glatten Teig verkneten. Mit einer Nudelmaschine zu 2–3 mm dicken Platten verarbeiten. Die Platten dann nochmals durch die Nudelmaschine geben und zu Spaghetti verarbeiten. Alternativ den Teig sehr dünn ausrollen und die Nudeln fein schneiden. Wenn die Nudeln nicht sofort weiterverarbeitet werden, diese einzeln auf ein Brett legen.

Den Knoblauch abziehen und fein hacken. Die Peperoni waschen, putzen und in feine Ringe schneiden. Den Ingwer schälen und fein reiben. Die Pilze putzen und in feine Scheiben schneiden. Den Mangold waschen, putzen und in feine Streifen schneiden. Die Frühlingszwiebeln waschen, putzen und schräg in feine Ringe schneiden.

Das Sesamöl in einem Topf erhitzen. Den Knoblauch und die Frühlingszwiebel dazugeben und anbraten. Mit Fond ablöschen. Peperoni, Ingwer, Champignons, Mangold, Sojasauce und Ahornsirup zugeben und 5 Minuten köcheln. Die Nudeln hinzufügen und 3–5 Minuten gar ziehen lassen.

Soba-Nudeln selbst zu machen, ist gar nicht so schwierig und ein echtes Geschmackserlebnis. Und es gibt gute Neuigkeiten: Endlich darf beim Essen geschlürft werden, traditionell macht man das so in Japan als Zeichen, dass es schmeckt. Es hat aber auch den Vorteil, dass an den Nudeln genau die richtige Menge Sauce bleibt.

Tomatenquiche

FÜR 2–3 PORTIONEN

200 g Dinkelvollkornmehl
125 g kalte Butter
125 Quark (40 % Fett)
Salz
300 g bunte, kleine Tomaten
60 g Parmesan
3 Eier (Größe L)
140 ml Crème fraîche
frisch gemahlener Pfeffer
1 Handvoll Basilikumblätter

Tarteform (ø 28 cm)
Hülsenfrüchte zum Blindbacken

Etwas Mehl für die Arbeitsfläche

**ZUBEREITUNG: 20 MIN + 30 MIN KÜHLEN
+ 40 MIN BACKEN**

Dinkelvollkornmehl in eine Schüssel geben. Die Butter sehr schnell klein würfeln und mit Quark und ½ TL Salz zum Mehl geben. Rasch zu einem glatten Teig verkneten und abgedeckt für mindestens 30 Minuten in den Kühlschrank stellen.

Inzwischen die Tomaten waschen und halbieren. Den Parmesan reiben. Die Eier in einen Rührbecher aufschlagen und mit Parmesan, Crème fraîche, etwas Pfeffer und Salz zu einer homogenen Masse pürieren.

Den Backofen auf 210 °C vorheizen. Die Tarteform fetten. Den Teig auf einer gut bemehlten Arbeitsfläche dünn und kreisförmig ausrollen (löst dieser sich nicht gut von der Arbeitsfläche, gegebenenfalls eine Palette benutzen). In die Tarteform geben und den Rand hochziehen. Den Boden mit einer Gabel mehrfach einstechen. Ein Backpapier darüberlegen und Hülsenfrüchte zum Blindbacken hineingeben. Im Backofen auf der mittleren Schiene 15 Minuten backen, dann die Hülsenfrüchte und das Backpapier entfernen und weitere 5 Minuten knusprig backen.

Die Tomatenhälften gleichmäßig auf dem Teig verteilen, die Eiermasse dazugießen und weitere 20 Minuten backen, bis die Tarte leicht gebräunt ist. Das Basilikum waschen und trockenschütteln. Nach Belieben in Streifen schneiden. Über der gebackenen Tarte verteilen und servieren.

Ricottagnocchi
mit Pesto

FÜR 2 PORTIONEN

40 g Parmesan
250 g Ricotta, abgetropft
180 g Buchweizenmehl
1 TL Agavendicksaft
3 TL Olivenöl
Salz
frisch gemahlener Pfeffer
2–3 EL Pesto, zum Beispiel Peter-
silien-Pesto (Rezept Seite 78/79)

ZUBEREITUNG: 35 MIN

Den Parmesan fein reiben. Mit Ricotta, Buchweizenmehl, Agavendicksaft, 1 TL Olivenöl, ½ TL Salz und etwas Pfeffer in eine Schüssel geben und zu einem homogenen Teig verkneten. Den Teig dritteln und zu drei ca. 2 cm dicken Rollen formen.

Mit einem scharfen Messer 1,5 cm große Stücke abschneiden und mit einer Gabel auf der Oberseite für das typische Gnocchi-Muster leicht andrücken.

Die Gnocchi in reichlich siedendes Salzwasser geben und portionsweise gar ziehen lassen. Sobald die Gnocchi an die Oberfläche steigen, mit einem Schöpflöffel aus dem Wasser heben und warm halten.

Das restliche Öl in einer Pfanne erhitzen und die Gnocchi darin 5 Minuten knusprig anbraten. Mit Pesto vermischen und servieren.

Für das Rezept kannst du je nach Belieben dein eigenes Pesto herstellen. Der Klassiker ist natürlich das Pesto Genovese. Aber auch aus Erbsen und Minze, Bärlauch und Nüssen deiner Wahl oder im Asia-Style, mit Koriander und Chili, lassen sich tolle Eigenkreationen zaubern. Wichtig dabei ist immer, dass du ein sehr gutes Olivenöl verwendest.

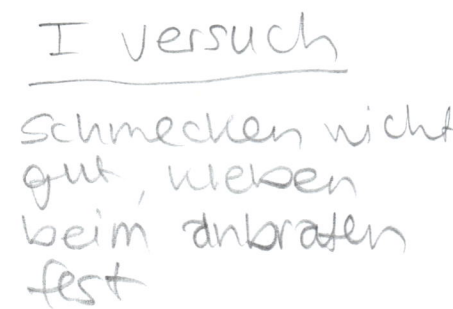

I versuch
schmecken nicht gut, kleben beim anbraten fest

SÜSSES

Chia-Pudding
mit Mango-Passionsfrucht-Topping

FÜR 4 PORTIONEN

20 g geröstete, gesalzene
    Macadamia-Nüsse
2 EL Chia-Samen
200 ml ungesüßtes Kokoswasser
½ reife Mango
1 Passionsfrucht

ZUBEREITUNG: 15 MIN

Die Macadamia-Nüsse grob hacken. Die Chia-Samen mit dem Kokoswasser und den gehackten Macadamia-Nüssen vermischen, 5 Minuten anquellen lassen, 1–2 cm hoch in gläserne Dessertschalen füllen und ausquellen lassen.

Die Mango mit einem Esslöffel aus der Schale lösen, grob würfeln und mit dem Pürierstab glatt pürieren. Die Passionsfrucht halbieren, das Fruchtfleisch mit dem Esslöffel auslösen, durch ein feines Sieb streichen und den Saft mit dem Mangopüree mischen und über den Chia-Pudding geben. Nach Belieben mit ein paar der essbaren Kerne dekorieren und servieren.

Tipp: Die andere Hälfte der Mango kannst du entweder für das Mango-Dhal (Rezept Seite 152/153) oder das Blumenkohlcurry (Rezept Seite 174/175) verwenden.

Als Topping für dieses Dessert kannst du auch einfach die frischen Früchte nehmen, die du gerade zu Hause hast. Pfirsiche, Erdbeeren, Aprikosen oder Ananas machen sich genauso gut. Dafür die Früchte einfach klein schnippeln und über den Chia-Pudding geben.

Saisonale Sorbets

Frühling

Rhabarber

FÜR 4 PORTIONEN

800 g Rhabarber
150 g Vollrohrzucker
Saft von ½ Zitrone

ZUBEREITUNG: 30 MIN + ABKÜHLEN
+ 12 STD KÜHLEN UND AUFSCHLAGEN

Den Rhabarber waschen, putzen, Fasern gegebenenfalls abziehen und würfeln. Den Zucker mit 200 ml Wasser in einen Topf geben, erwärmen und unter Rühren auflösen. Dann die Rhabarberstücke und den Zitronensaft zugeben, aufkochen und unter gelegentlichem Rühren 5–10 Minuten köcheln lassen.

Den Rhabarber durch ein Sieb passieren. Dazu mit einer Suppenkelle den Rhabarber kräftig durch das Sieb drücken, sodass der Saft austritt und die Fasern zurückbleiben. Den Saft auffangen. Den Saft in eine Metallschüssel geben, abkühlen lassen und tiefgefrieren. Für die nächsten 10–12 Stunden jeweils halbstündlich bis stündlich die Masse mit einem Schneebesen luftig aufschlagen. Je öfter dies geschieht, desto cremiger wird das Sorbet. Nach Ende der Kühlzeit mit einem Eisportionierer die Hälfte des Sorbets auf zwei Schälchen verteilen und sofort genießen. Den Rest wieder einfrieren.

Tipp: Das Rhabarbermus kannst du zum Beispiel mit Quark oder Joghurt essen.

Wer keine Lust auf ständiges Aufschlagen hat, kann die Masse auch in einer länglichen Form einfrieren. Zum Stürzen kurz in ein heißes Wasserbad legen, dann umdrehen und das Sorbet herauslösen.

Sommer

Zitrone

FÜR 4 PORTIONEN

100 g Vollrohrzucker
1 EL abgeriebene Schale von
  1 unbehandelten Zitrone
125 ml Zitronensaft
125 ml Mineralwasser

**ZUBEREITUNG: 10 MIN + ABKÜHLEN
+ 12 STD KÜHLEN UND AUFSCHLAGEN**

In einem Topf 250 ml Wasser und Zucker erwärmen. Dabei den Zucker auflösen. Zitronenschale zugeben, aufkochen und 5 Minuten köcheln lassen. Vom Herd nehmen und abkühlen lassen.

In den erkalteten Sirup Zitronensaft und Mineralwasser einrühren, in eine Metallschüssel geben und tiefgefrieren. Für die nächsten 10–12 Stunden jeweils halbstündlich bis stündlich die Masse mit einem Schneebesen luftig aufschlagen. Je öfter dies geschieht, desto cremiger wird das Sorbet. Nach Ende der Kühlzeit mit einem Eisportionierer die Hälfte des Sorbets auf zwei Schälchen verteilen und sofort genießen. Den Rest wieder einfrieren.

Herbst

Pflaume

FÜR 4 PORTIONEN

300 g Pflaumen
50 g Vollrohrzucker
2 TL Zitronensaft

**ZUBEREITUNG: 15 MIN + ABKÜHLEN
+ 12 STD KÜHLEN UND AUFSCHLAGEN**

Die Pflaumen waschen, entkernen und würfeln. Den Zucker mit 100 ml Wasser in einen Topf geben, erwärmen und auflösen. Die Pflaumen zugeben, aufkochen und 5 Minuten weich köcheln. Dann die Masse mit einem Pürierstab pürieren, abkühlen lassen, in eine Metallschüssel geben und gefrieren. Für die nächsten 10–12 Stunden jeweils halbstündlich bis stündlich die Masse mit einem Schneebesen luftig aufschlagen. Je öfter dies geschieht, desto cremiger wird das Sorbet. Nach Ende der Kühlzeit mit einem Eisportionierer die Hälfte des Sorbets auf zwei Schälchen verteilen und sofort genießen. Den Rest wieder einfrieren.

Winter

Orange-Vanille

FÜR 4 PORTIONEN

150 g Vollrohrzucker
200 ml Orangensaft
abgeriebene Schale von
   ½ unbehandelten Orange
1 Nelke
1 kleiner Sternanis
1 Prise gemahlene Bourbon-Vanille
Saft von ½ Zitrone

**ZUBEREITUNG: 10 MIN + ABKÜHLEN
+ 12 STD KÜHLEN UND AUFSCHLAGEN**

Den Zucker mit 150 ml Wasser in einen Topf geben und erwärmen. Sobald der Zucker sich aufgelöst hat, die restlichen Zutaten zugeben und unter gelegentlichem Rühren aufkochen. 5 Minuten köcheln lassen und durch ein Sieb abgießen. Den Saft abkühlen lassen, in eine Metallschüssel geben und tiefgefrieren. Für die nächsten 10–12 Stunden jeweils halbstündlich bis stündlich die Masse mit einem Schneebesen luftig aufschlagen. Je öfter dies geschieht, desto cremiger wird das Sorbet. Nach Ende der Kühlzeit mit einem Eisportionierer die Hälfte des Sorbets auf zwei Schälchen verteilen und sofort genießen. Den Rest wieder einfrieren.

Brombeer-Crumble

FÜR 2 PORTIONEN

250 g Brombeeren
100 g Haferflocken
50 g Dinkelvollkornmehl
70 g Vollrohrzucker
100 g zimmerwarme Butter

ZUBEREITUNG: 25 MIN + 40 MIN BACKEN

Die Brombeeren waschen und in einem Sieb abtropfen lassen. Den Backofen auf 150 °C vorheizen.

Die Haferflocken, das Vollkornmehl, den Vollrohrzucker und die Butter mit den Knethaken des Handrührgerätes 3–4 Minuten zu einem bröseligen Teig verkneten.

Die Brombeeren in eine feuerfeste Form verteilen, den Crumble-Teig darüberbröseln und 30–40 Minuten im Backofen backen, bis der Crumble an der Oberfläche leicht bräunt und knusprig wird.

Mhhh, lecker! Der Crumble gehört zu unseren Lieblings-desserts. Er schmeckt übrigens genauso gut mit Äpfeln. Dafür einfach die Brombeeren gegen 2 große saure Äpfel austauschen. Die Äpfel waschen und in kleine Würfel schneiden.

Mini-Käsekuchen

FÜR 12 STÜCK

160 g selbst gemachte Butterkekse
(Rezept Seite 206/207)
100 g Butter
200 g Quark (20 % Fett)
300 g Crème fraîche
2 Msp. gemahlene Vanille
4 Eier (Größe L)
150 g Agavendicksaft
4 EL Dinkelgrieß
75 g Himbeeren (frisch oder TK)

12 Muffinförmchen aus stabiler Pappe
1 Holzspieß

ZUBEREITUNG: 30 MIN + 35 MIN BACKEN

Den Backofen auf 180 °C vorheizen. Die Butter schmelzen, die Kekse in einen Gefrierbeutel geben und vollständig zerstoßen. Die Kekskrümel mit Butter vermengen und in 12 Muffinförmchen aus Pappe verteilen und festdrücken. Im Backofen auf der mittleren Schiene 10 Minuten backen.

Quark, Crème fraîche, Vanille, Eier und 50 g Agavendicksaft in eine Rührschüssel geben und miteinander vermengen. Den Dinkelgrieß dazugeben, gründlich mit dem Schneebesen verrühren und beiseite stellen.

Inzwischen die Himbeeren vorsichtig waschen oder auftauen, mit dem restlichen Agavendicksaft in einen Rührbecher geben und fein pürieren.

Die Quarkmasse auf den gebackenen Böden verteilen und glatt schütteln. Je 1 TL Himbeermasse in 4 Tupfen auf der Quarkmasse verteilen. Von der Mitte ausgehend mit einem Holzspieß eine Spirale nach außen ziehen, so dass die Himbeermasse „geswirlt" aussieht. Im Backofen auf der mittleren Schiene 25 Minuten backen.

Saisonale Cremes

Frühling

Holunderblüte-Zitrone

FÜR 4 PORTIONEN

1 Zitrone
125 g Sahne
2 ganz frische Eier
75 g Vollrohrzucker
60 ml selbst gemachter
    Holunderblütensirup
3 g Agar-Agar
2 Handvoll Eiswürfel
1 EL Salz

Holunderblüten (nach Belieben)

ZUBEREITUNG: 35 MIN + 3 STD KÜHLEN

Die Zitrone auspressen. Sahne steif schlagen und kühl stellen. Eier trennen. Eigelb und Zucker in eine Metallrührschüssel geben und mit dem Schneebesen cremig rühren. Über dem heißem Wasserbad (die Schüssel soll nicht das Wasser berühren, sondern nur vom Dampf erhitzt werden) weißschaumig schlagen. Nach und nach Sirup und Zitronensaft unterrühren und die Masse aufschlagen, bis sie das Doppelte an Volumen hat. Dann Agar-Agar in die Eiercreme einrühren und weiter aufschlagen.

In eine zweite größere Schüssel Eiswürfel und Salz vermischt geben, mit Wasser auffüllen. Die Schüssel mit der Creme aufsetzen und rühren, bis sie leicht zu gelieren beginnt. Die Sahne aus dem Kühlschrank nehmen und vorsichtig unterheben. Die Creme in kalt ausgespülte Förmchen füllen und mindestens 3 Stunden kalt stellen.

Zum Servieren die Förmchen nach Belieben mit Holunderblüten bestreuen.

Holunderblütensirup

FÜR 1 LITER

10–15 Holunderblütendolden
2 unbehandelte Zitronen
500 g Vollrohrzucker

ZUBEREITUNG: 20 MIN + 3 TAGE ZIEHEN LASSEN

Für den Sirup die Dolden zunächst auf Insekten absuchen. Die Zitronen heiß waschen und in Scheiben schneiden. 1 Liter Wasser mit dem Vollrohrzucker aufkochen und den Zucker darin auflösen. Die Zuckerlösung zusammen mit den Zitronenscheiben und den Dolden in eine Schale geben. Die Dolden beschweren, damit sie unter Wasser bleiben. Alles abdecken und im Kühlschrank 3 Tage ziehen lassen. Dann zunächst durch ein Sieb und dann durch ein Tuch abseihen. Nochmals aufkochen, den Schaum abschöpfen und heiß in sterilisierte Flaschen abfüllen.

Sommer

Blaubeere

FÜR 4 PORTIONEN

150 g Blaubeeren
125 g Sahne
2 ganz frische Eier
30 g Vollrohrzucker
3 g Agar-Agar
2 Handvoll Eiswürfel
1 EL Salz

ZUBEREITUNG: 35 MIN + 3 STD KÜHLEN

Die Blaubeeren in einem Sieb waschen und fein pürieren. Sahne steif schlagen und kühl stellen. Eier trennen. Eigelb und Zucker in eine Metallrührschüssel geben und mit dem Schneebesen cremig rühren. Über dem heißen Wasserbad (die Schüssel soll nicht das Wasser berühren, sondern nur vom Dampf erhitzt werden) weiß-schaumig schlagen. Die Heidelbeeren unterrühren und die Masse aufschlagen, bis sie das Doppelte an Volumen hat. Dann Agar-Agar in die Eiercreme einrühren und weiter aufschlagen.

In eine zweite größere Schüssel Eiswürfel und Salz vermischt geben, mit Wasser auffüllen. Die Schüssel mit der Creme aufsetzen und rühren, bis sie leicht zu gelieren beginnt. Die Sahne aus dem Kühlschrank nehmen und vorsichtig unterheben. Die Creme in kalt ausgespülte Förmchen füllen und mindestens 3 Stunden kalt stellen.

Herbst

Orange-Sanddorn

FÜR 4 PORTIONEN

75 ml frisch gepresster Orangensaft
25 ml Sanddornsaft (Muttersaft)
125 g Sahne
2 ganz frische Eier
75 g Vollrohrzucker
3 g Agar-Agar
2 Handvoll Eiswürfel
1 EL Salz

ZUBEREITUNG: 35 MIN + 3 STD KÜHLEN

Orangensaft und Sanddornsaft mischen. Sahne steif schlagen und kühl stellen. Eier trennen. Eigelb und Zucker in eine Metallrührschüssel geben und mit dem Schneebesen cremig rühren. Über dem heißem Wasserbad (die Schüssel soll nicht das Wasser berühren, sondern nur vom Dampf erhitzt werden) weiß-schaumig schlagen. Den Orangen-Sanddornsaft unterrühren und die Masse aufschlagen, bis sie das Doppelte an Volumen hat. Dann Agar-Agar in die Eiercreme einrühren und weiter aufschlagen.

In eine zweite größere Schüssel Eiswürfel und Salz vermischt geben, mit Wasser auffüllen. Die Schüssel mit der Creme aufsetzen und rühren, bis sie leicht zu gelieren beginnt. Die Sahne aus dem Kühlschrank nehmen und vorsichtig unterheben. Die Creme in kalt ausgespülte Förmchen füllen und mindestens 3 Stunden kalt stellen.

Winter

Maracuja-Tonkabohne

FÜR 4 PORTIONEN

3–4 Maracujas
2 Msp. geriebene Tonkabohne
125 g Sahne
2 ganz frische Eier
75 g Vollrohrzucker
3 g Agar-Agar
2 Handvoll Eiswürfel
1 EL Salz

ZUBEREITUNG: 35 MIN + 3 STD KÜHLEN

Maracujas halbieren, Fruchtfleisch auslöffeln und durch ein feines Sieb streichen. Maracujasaft mit Tonkabohne vermischen. Sahne steif schlagen und kühl stellen. Eier trennen. Eigelb und Zucker in eine Metallrührschüssel geben und mit dem Schneebesen cremig rühren. Über dem heißem Wasserbad (die Schüssel soll nicht das Wasser berühren, sondern nur vom Dampf erhitzt werden) weiß-schaumig schlagen. Den Maracuja-Tonka-Saft unterrühren und die Masse aufschlagen, bis sie das Doppelte an Volumen hat. Dann Agar-Agar in die Eiercreme einrühren und weiter aufschlagen.

In eine zweite größere Schüssel Eiswürfel und Salz vermischt geben, mit Wasser auffüllen. Die Schüssel mit der Creme aufsetzen und rühren bis sie leicht zu gelieren beginnt. Die Sahne aus dem Kühlschrank nehmen und vorsichtig unterheben. Die Creme in kalt ausgespülte Förmchen füllen, nach Belieben mit ein paar essbaren Maracujakernen dekorieren und mindestens 3 Stunden kalt stellen.

Tipp: Das Eiweiß kannst du zum Beispiel in die Masse der saisonalen Omelettes (Rezepte Seite 116/117) zusätzlich dazugeben.

Whoopies
mit Erdbeercreme

FÜR CA. 15 STÜCK

100 g Weizenmehl (Type 1050)
70 g Buchweizenmehl
30 g Kakaopulver, schwach entölt
1½ TL Backpulver
100 g weiche Butter
100 g Vollrohrzucker
1 Ei (Größe M)
100 ml Buttermilch
200 g kalter Magerquark
50 g Rhabarber-Erdbeer-Marmelade
   (Rezept Seite 80)
8 Erdbeeren

1 Spritzbeutel
Etwas Kakaopulver zum Bestauben

ZUBEREITUNG: 50 MIN + 15 MIN BACKEN

Weizenmehl, Buchweizenmehl, Kakaopulver und Backpulver in eine Schüssel geben und vermischen. Beiseite stellen. Den Backofen auf 160 °C (Umluft nicht empfehlenswert) vorheizen. Zwei Backbleche mit Backpapier auslegen. Die Butter und den Zucker in eine große Rührschüssel geben und mit dem Handrührgerät 10 Minuten cremig schlagen.

Das Ei zugeben und glatt rühren, dann die Buttermilch zugeben und unterrühren, zuletzt die Mehlmischung zugeben und zügig unterheben. Die cremige Teigmasse in einen Spritzbeutel ohne Tülle füllen und runde Portionen von 3–4 cm Durchmesser und 2 cm Höhe auf die Bleche geben (genug Abstand halten, da die Whoopies beim Backen leicht auslaufen). Es passen ca. 15 Teigportionen auf ein Backblech. Die Spitzen der Teigportionen mit einem angefeuchteten Löffel leicht platt drücken und für 15 Minuten portionsweise auf der mittleren Schiene im Backofen backen. Anschließend auf einem Kuchengitter vollständig abkühlen lassen.

Für die Masse den kalten Magerquark in einem Sieb abtropfen lassen und mit der Erdbeermarmelade verquirlen. Die Erdbeeren halbieren. Die Masse in einen Spritzbeutel füllen, auf die Hälfte der Whoopiedeckel spritzen und mit der anderen Hälfte zusammensetzen. Die Whoopies mit etwas Kakaopulver bestauben und, mit den Erdbeerhälften auf dem Deckel dekoriert, servieren.

Juhu, endlich ist wieder Erdbeerzeit! Damit die Früchtchen nicht ihr einzigartiges Aroma verlieren, leg sie möglichst nicht in den Kühlschrank. Also am besten direkt nach dem Kauf in den Mund oder schnell weiterverarbeiten. Angeschimmelte Früchte zuvor aussortieren. Wenn sie nur etwas angematscht sind, kannst du sie zum Beispiel für einen Smoothie oder eine selbst gemachte Erdbeermilch verwenden.

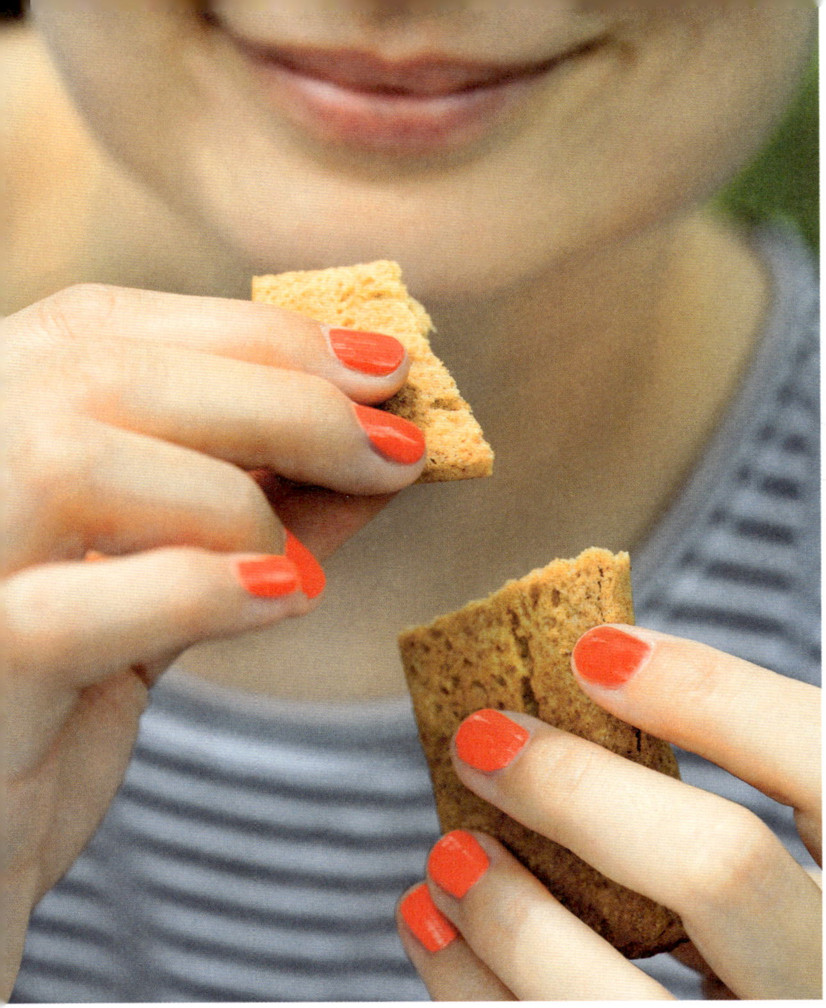
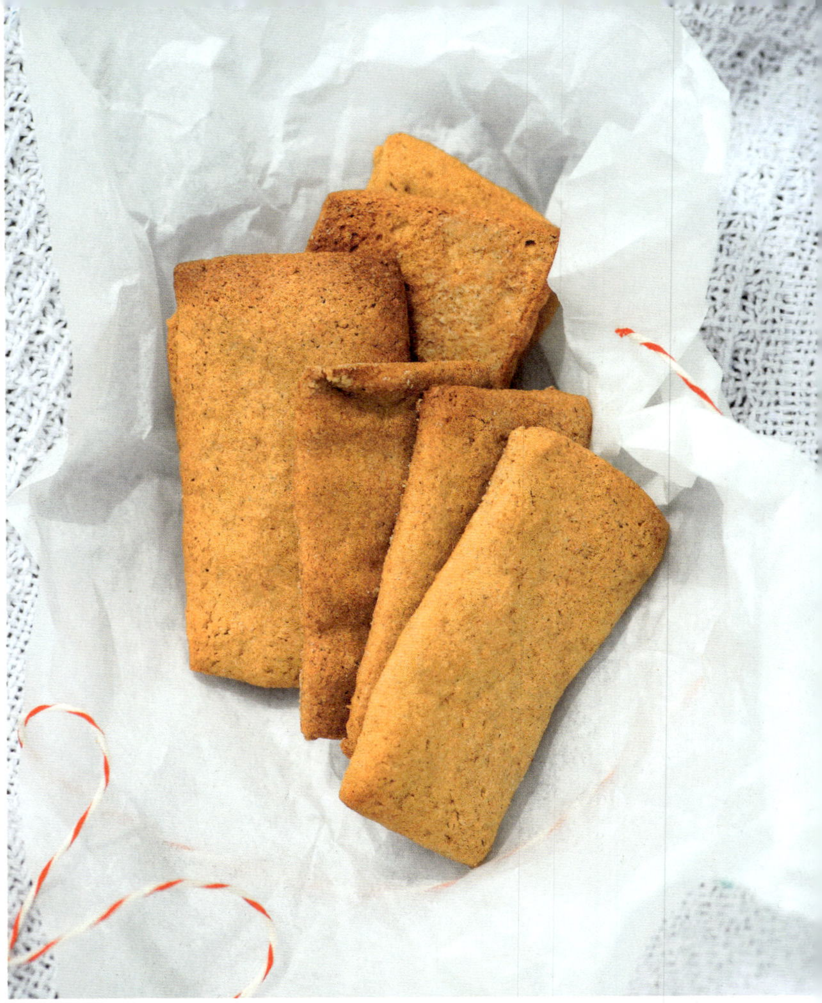
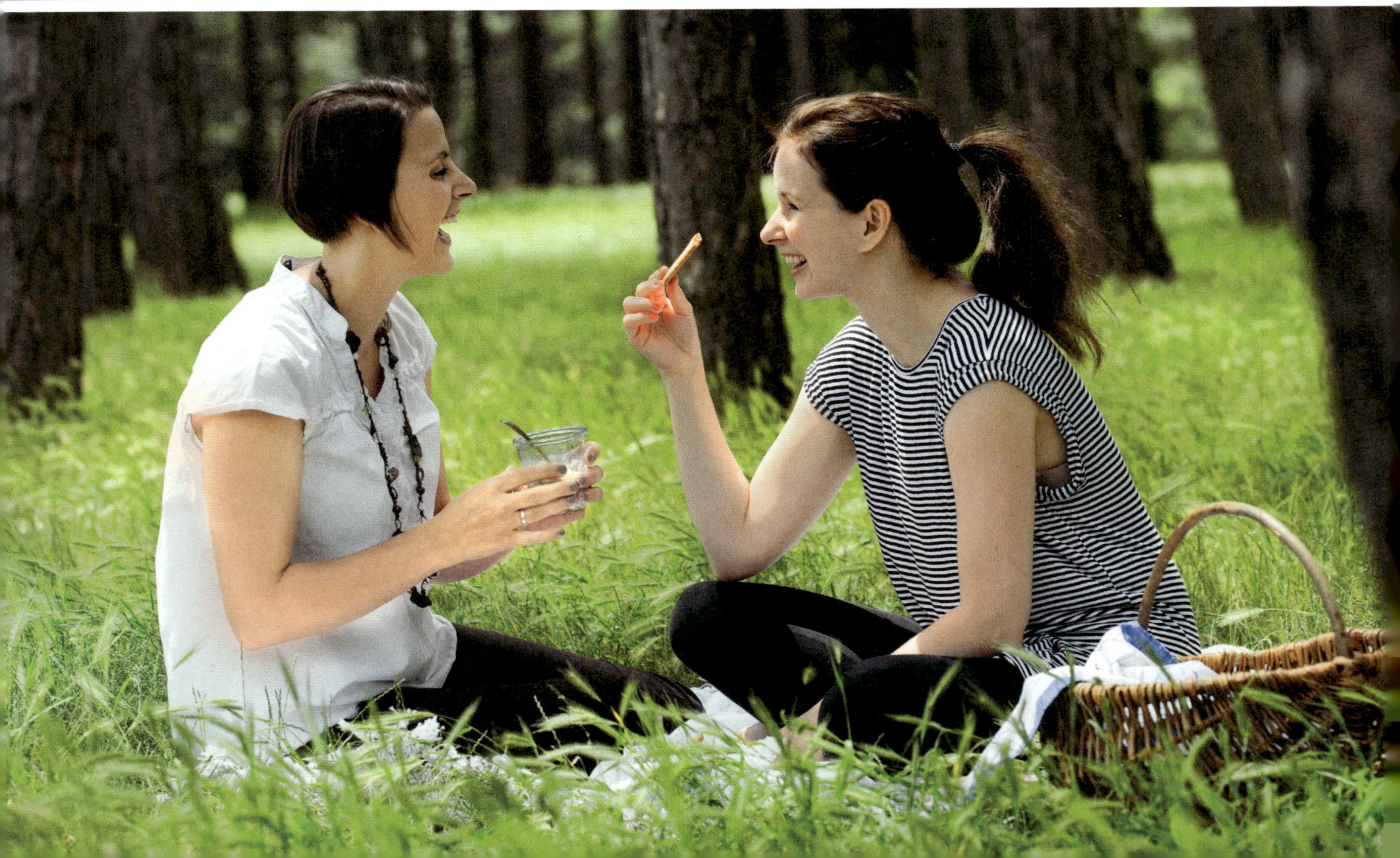

Butter-Cookies

FÜR CA. 25 KEKSE

225 g Vollkorndinkelmehl
½ TL Backpulver
1 Msp. Salz
100 g Vollrohrzucker
100 g weiche Butter
1 Ei (Größe M)

**ZUBEREITUNG: 20 MIN + 1 STD KÜHLEN
+ 12 MIN BACKEN**

Das Mehl, das Backpulver und das Salz mischen. Den Zucker und die Butter in eine Schüssel geben und mit dem Handrührgerät 5 Minuten cremig schlagen. Das Ei zugeben und kurz gründlich vermengen. Das Mehl untermischen und mit der Buttermasse glatt verrühren. Den geschmeidigen Teig abgedeckt im Kühlschrank 1 Stunde kühlen.

Den Backofen auf 180 °C vorheizen. Ein Backblech mit Backpapier auslegen. Den Teig auf einer bemehlten Arbeitsfläche ca. 2 mm dick ausrollen. Mit einem Pizzaroller rechteckige Butterkekse aus dem Teig formen und diese mit etwas Abstand auf das Backblech legen. Im Backofen auf der mittleren Schiene 10–12 Minuten backen, bis die Kekse leicht bräunen. Herausnehmen und auf einem Kuchengitter abkühlen lassen.

Dieses Rezept ist die Basis für die tollen Mini-Käsekuchen auf Seite 198. Unser Vorschlag: Die eine Hälfte der Cookies ist für die Cheesecakes, die andere Hälfte für das Vorratsglas.

Saisonale Tartelettes

Mürbeteig Grundrezept

FÜR 4 TARTELETTES

120 g Mandeln
200 g Buchweizenmehl
2 Eier
100 g weiche Butter
100 g Kokosblütenzucker

Butter für die Form
4 Tarteletteförmchen

ZUBEREITUNG: 5 MIN + 30 MIN KÜHLEN + 15 MIN BACKEN

Die Mandeln im Blitzhacker fein mahlen. Mit Mehl, Eiern, Butter und Zucker rasch zu einem glatten Teig verarbeiten. Zu einer Kugel formen und in Frischhaltefolie gewickelt für mindestens 30 Minuten kühl stellen.

Den Backofen auf 210 °C vorheizen. Die Tarteletteförmchen ausfetten. Die Teigkugel vierteln, in die Förmchen drücken und oben glatt streichen. Im Backofen auf der mittleren Schiene 15 Minuten backen, danach vollständig auskühlen lassen und aus der Form stürzen.

Frühling

Rhabarber-Magerquark

FÜR 4 TARTELETTES

5 Stangen Rhabarber
7 EL Kokosblütenzucker
1 TL Guarkernmehl
200 g Sahne
250 g Magerquark

1 Spritzbeutel

ZUBEREITUNG: 30 MIN

Den Teig für die Tartelettes zubereiten und backen (Grundrezept oben).

Den Rhabarber waschen, putzen, Enden abschneiden und harte Fasern entfernen. In 1 cm dicke Scheiben schneiden. Mit 60 ml Wasser und 5 EL Zucker aufkochen und den Rhabarber unter ständigem Rühren weich, aber bissfest garen, das Guarkernmehl unterrühren, andicken und dann auskühlen lassen.

Die Sahne mit dem restlichen Zucker steif schlagen und unter den Quark heben. In den Spritzbeutel füllen und in die Tartelettesböden (Grundrezept oben) spritzen. Erkaltetes Rhabarberkompott darauf anrichten und servieren.

Sommer

Erdbeer-Ziegenfrischkäse

FÜR 4 TARTELETTES

500 g Erdbeeren
250 g milder Ziegenfrischkäse
200 g Sahne
1–2 EL Kokosblütenzucker

1 Spritzbeutel

ZUBEREITUNG: 30 MIN

Den Teig für die Tartelettes zubereiten und backen (Grundrezept Seite 209).

Die Erdbeeren waschen und putzen. 8–16 Erdbeeren in Scheiben schneiden und beiseite legen. Restliche Erdbeeren mit Frischkäse glatt pürieren. Sahne steif schlagen und unter die Erdbeermasse heben.

Zum Servieren die Erdbeermasse auf die Tartelettes verteilen, mit Erdbeeren garnieren und mit Kokosblütenzucker bestreuen.

Herbst

Apfel-Zimt-Rosine

FÜR 4 TARTELETTES

400 g festfleischige Äpfel
   (zum Beispiel Boskop oder Elstar)
40 g Rosinen
½ TL Zimt
200 ml Vollmilch (3,5 % Fett)
100 g Sahne
2 TL Kokosblütenzucker
2 EL Vollkorndinkelgrieß

1 Spritzbeutel

ZUBEREITUNG: 40 MIN

Den Teig für die Tartelettes zubereiten und backen (Grundrezept Seite 209).

Die Äpfel schälen, vierteln, entkernen und 1 cm groß würfeln. Die Apfelwürfel mit Rosinen, Zimt und 50 ml Wasser aufkochen, bei mittlerer Temperatur unter gelegentlichem Rühren 10–15 Minuten offen weich köcheln, bis ein Großteil der Flüssigkeit verdampft ist.

Inzwischen Milch und Sahne in einen Topf geben, Zucker darin auflösen und aufkochen. Den Grieß mit einem Schneebesen einrühren und gut verquirlen, sodass eine glatte Masse entsteht. Sobald diese andickt, vom Herd nehmen und quellen lassen. Den erkalteten Grießpudding in die Tartelettes füllen und die Apfelmasse daraufgeben.

Winter

Marzipan-Birne-Walnuss

FÜR 4 TARTELETTES

100 g Marzipan
150 g Magerquark
100 g Sahne
6 EL Kokosblütenzucker
50 g Walnüsse
½ Birne

1 Spritzbeutel

ZUBEREITUNG: 45 MIN

Den Teig für die Tartelettes zubereiten und backen (Grundrezept Seite 209).

Das Marzipan in Stücke schneiden. Mit dem Quark im Blitzhacker oder in der Küchenmaschine glatt pürieren. Die Sahne steif schlagen, unter die Quark-Marzipan-Masse heben und in die Tartelettes verteilen.

In eine beschichtete Pfanne 6 EL Wasser und den Zucker geben und karamellisieren lassen. Die Nüsse zugeben und verrühren, bis ein leicht zähflüssiges Walnusskaramell entstanden ist. Dieses über die Tartelettes geben.

Die Birne waschen, vierteln, entkernen und auf einem Gemüsehobel in feine Scheiben hobeln, dann in feine Streifen schneiden und auf den Tartelettes anrichten.

Tipp: Wenn es besonders dekorativ sein soll, kannst du jede Tartelette auch mit einer gewaschenen und halbierten Birne dekorieren.

Äpfel solltest du, ebenso wie Tomaten, Bananen oder Aprikosen, lieber nicht direkt neben anderem Obst oder Gemüse aufbewahren. Sie geben nämlich Ethylen ab, das dafür sorgt, dass die Nachbarn schneller nachreifen und so womöglich verderben. Das kann man natürlich auch nutzen – ein paar Äpfel neben eine unreife Mango oder Avocado legen und schon bald sind sie genießbar.

Blaubeertarte

FÜR 1 TARTE

150 g weiche Butter
150 g Vollrohrzucker
1 Ei (Größe M)
50 g gemahlener Mohn
180 g Dinkelvollkornmehl
1 Prise Salz
150 g Blaubeeren
250 g Sahne
250 g Mascarpone

1 Tarteform (ø 28 cm)

**ZUBEREITUNG: 15 MIN + 30 MIN KÜHLEN
+ 20 MIN BACKEN**

Die Butter mit 120 g Zucker 5 Minuten cremig schlagen. Das Ei zügig unterheben. Den Mohn, das Mehl und das Salz mischen, dazugeben und rasch zu einem glatten Teig verarbeiten. In Frischhaltefolie wickeln und für 30 Minuten in den Kühlschrank legen.

Den Backofen auf 190 °C vorheizen. Eine Tarteform gründlich fetten. Den Teig mit den Händen in die Form pressen und mit einer Palette glatt streichen. Im Backofen auf der mittleren Schiene 15–20 Minuten backen. Herausnehmen und auskühlen lassen. Aus der Form lösen und umdrehen, so dass der vor dem Backen glatt gestrichene Boden nach unten zeigt.

Inzwischen die Heidelbeeren in einem Sieb waschen. Die Sahne in einen hohen Rührbecher geben und mit dem Handrührgerät steif schlagen. Den Mascarpone und den restlichen Zucker in eine Schüssel füllen und mit dem Handrührgerät cremig verrühren. Die Sahne unterheben und die Masse mit einer Palette wellenförmig auf den Tarteboden geben. Mit Heidelbeeren bestreut servieren.

Hierzu passt ganz wunderbar eines der Getränke von Seite 100/101 oder ein Tässchen Kaffee. Nach dem Kaffeetrinken muss der Filterbeutel übrigens nicht zwangsläufig in den Müll. Kaffeesatz ist nämlich ein prima Dünger. Dazu den Kaffeesatz zum Beispiel auf einem Küchenpapier verteilen und trocknen lassen. So hält er sich mehrere Wochen. Zum Düngen dann auf die Erde der Pflanze verteilen und gleichmäßig einarbeiten.

Mini-Gugelhupf

FÜR 36 STÜCK

1 dicke Karotte
60 g Haselnüsse
125 g Vollkorndinkelmehl
3 g Backpulver
½ TL gemahlener Zimt
1 Prise Salz
75 g weiche Butter
75 g Vollrohrzucker
1 Ei (Größe L)
Mark von ½ Vanilleschote
50 g selbst gemachter Frischkäse
   (ohne Basilikum und Salz,
   Rezept Seite 84/85)
3 TL Agavendicksaft

Silikonförmchen für Mini-Gugelhupf
   (ø 4 cm)

ZUBEREITUNG: 40 MIN + 14 MIN BACKEN

Die Karotte schälen und auf einer Gemüsereibe fein raspeln. Die Haselnüsse in einer Pfanne ohne Fett rösten, bis sie aromatisch duften. 2 EL Nüsse beiseite legen, den Rest in einen Blitzhacker geben und fein zu Nussmehl mahlen.

Den Backofen auf 180 °C (Umluft nicht empfehlenswert) vorheizen. Das Nussmehl mit Dinkelmehl, Backpulver, Zimt und Salz vermischen.

Die Butter und den Zucker in eine Schüssel geben und mit dem Handrührgerät 5 Minuten schaumig schlagen. Dann das Ei und das Vanillemark dazugeben und kurz mit der Masse verquirlen. Die Mehlmischung dazugeben und kurz aber gründlich vermengen. Zuletzt die Karotten unterheben und die Masse fest in die Förmchen füllen. Mit einer Palette glatt streichen und 12–14 Minuten im Backofen auf der mittleren Schiene backen, erkalten lassen und dann aus der Form lösen.

Inzwischen die restlichen Haselnüsse fein hacken. Den Frischkäse mit dem Agavendicksaft in eine Schüssel geben und mit dem Handrührgerät schaumig aufschlagen.

Das obere Drittel der Mini-Gugelhupf mit der Frischkäsemasse bestreichen und die Nüsse auf die obere Hälfte streuen.

Frozen-Joghurt
mit Pfirsichcreme

FÜR 4 PORTIONEN

300 g Naturjoghurt (3,5 % Fett)
4 Pfirsiche
2 EL Ahornsirup

2 Spritz- oder Gefrierbeutel

ZUBEREITUNG: 30 MIN + 7 STD KÜHLEN UND KNETEN

Den Naturjoghurt in einen Spritzbeutel oder einen Gefrierbeutel geben, verschließen und für 5 Stunden tiefgefrieren. Dabei jede halbe Stunde mit den Händen kräftig durchkneten, damit die Masse geschmeidig bleibt.

Die Pfirsiche waschen, halbieren und entsteinen. Einen Pfirsich in feine Stücke würfeln. Die restlichen Pfirsiche grob würfeln, mit dem Ahornsirup in einen hohen Rührbecher geben und stückig-cremig pürieren. Die Pfirsichwürfel unter die pürierte Masse rühren und ebenfalls in einen Spritzbeutel (vorsichtig auf einem Teller ablegen) oder einen Gefrierbeutel geben, verschließen und für 1 Stunde tiefgefrieren.

Den Naturjoghurt und die Pfirsichmasse in eine Hand nehmen, so dass beide Öffnungen nach unten zeigen (wenn ein Gefrierbeutel verwendet wird, musst eine kleine Ecke des Gefrierbeutels abgeschnitten werden). Den Naturjoghurt und die Pfirsichmasse mit gleichmäßigem Druck aus den Beutel in gekühlte Gläser füllen und kreisend als Swirl einfüllen. Nochmals eine Stunde in den Gläsern einfrieren, dann sofort servieren.

Register

Web-Adressen zum Weiterlesen

ÖKOLOGISCHER LANDBAU
www.naturland.de
www.demeter.de
www.bioland.de
www.oekolandbau.de
www.bmel.de
www.fibl.org

FOODCOOPS & SOLAWI
www.foodcoops.de
www.food-coop-einstieg.de
www.solidarische-landwirtschaft.org

URBAN GARDENING
www.farmingthecity.net
www.ackerhelden.de
www.tegut.com/saisongarten.html
www.mundraub.org

NACHHALTIG EINKAUFEN
www.wwf.de/aktiv-werden/tipps-fuer-den-alltag
www.fischeinkaufsfuehrer.de
www.msc.org
www.herrmannsdorfer.de
www.slowfood.de
www.bingenheimersaatgut.de
www.nutzpflanzenvielfalt.de
www.arche-noah.at
www.biogartenversand.de
www.dreschflegel-saatgut.de
www.tasteofheimat.de

CLEAN EATING & VOLLWERT
www.cleaneatingmag.com
www.toscareno.com
www.nachhaltigeernaehrung.de/Vollwert-Ernaehrung.41.0.html

ÜBER DIE AUTORINNEN
www.sarahschocke.de
www.ganzundgarsaisonal.de

Vitae

SARAH und ihre Familie in Frankfurt sind echte Foodies. Sogar der 1-jährige Sohn liebt grüne Smoothies. Bei Sarah merkt man das am Jubeln beim ersten Bärlauch, wie auch am Entdeckungsdrang, ständig die verrücktesten Dinge auszuprobieren: „Wäre der Wahnsinn, wenn mit Rote Bete gesüßter Kuchen schmeckt!". Hat er zwar nicht, aber einen lustigen Tag in der Küche hatten die beiden trotzdem. Wichtig für Sarah als Ernährungswissenschaftlerin ist die Liebe zum Kochen, Essen und Genießen. Und das spürt man in ihren Texten und Rezepten. Sie hat durch die Arbeit bei einem renommierten Verlag das Schreiben für sich entdeckt und arbeitet seither als erfolgreiche Autorin und Fachjournalistin. Als Vegetarierin, Marathonläuferin und Bloggerin (www.ganzundgarsaisonal.de) beweist sie in diesem Buch, wie lecker gesundes Essen sein kann.

EVA steht auf frische, leichte Küche und liebt seit einem Trip nach New York grüne Smoothies. Jeden Morgen gibt es bei ihr einen vitaminreichen Powerdrink. Zum Runterkommen geht sie gerne zum Yoga oder joggt bei ihr daheim in München an der Isar. Ein gemeinsamer Halbmarathon ist das Ziel der beiden, dem Eva zur Zeit näher ist als Sarah. Früher konsultierte Eva Sarah für Kochnotfälle häufiger: „Mein Teig geht nicht auf, was soll ich tun". Heute heißt es stattdessen: „Ich habe mir eine neue Nudelmaschine gekauft und nach der Arbeit noch schnell Ravioli gemacht." Eva isst überwiegend vegetarisch, ab und zu jedoch auch Fisch oder weißes Fleisch. Seit mehreren Jahren für namenhafte Verlage tätig, zeigt Eva bei diesem gemeinsamen Projekt ihre Liebe zum Schreiben und vollen Einsatz, um ein schönes Buch zu machen.

Dank

So ein Buch zu schreiben, ist nicht ganz einfach. Viele Menschen haben dazu beigetragen, dass wir ein fertiges Buch in unseren Händen halten dürfen – ein sehr persönliches Buch mit vielen Gedanken, Geschichten und Bildern von uns. Dafür sind wir sehr dankbar!

Wir danken zuallererst und wirklich sehr unseren Familien. Unseren geduldigen Männern und unseren geduldigen Freunden, die eine ganze Zeit lang hinten anstehen mussten und uns trotzdem immer unterstützt haben. Die das Baby gehütet, Wien-Aufenthalte und lange Koch-, Schreib- und Korrektursessions ermöglicht haben, die ihre Küchen und Bäuche für neue Rezeptkreationen zur Verfügung gestellt und ehrliches Feedback gegeben haben. Wir danken auch für das offene Ohr, wenn es darum ging, inhaltliche Fragen zu diskutieren und wie das Buch am Ende auszusehen hat. Wir danken besonders unserer fleißigen, gründlichen und ehrlichen privaten Korrekturleserin, du bist wie immer die Beste! Wir hätten dich gerne noch mehr mittendrin und vor allem dabei gehabt.

Wir danken auch dem Christian Verlag von ganzem Herzen. Wir freuen uns, dass wir das Buch hier veröffentlichen durften und auch wieder für all die offenen Ohren, die ziemlich oft beansprucht wurden. Die lieben Kolleginnen haben Eilurlaubsanträge für plötzliche Schreibattacken und Fotoshootings abgefangen und standen mit viel Humor und selbst gebackenem Kuchen parat – ohne euch wäre es absolut nicht gegangen!

Ein besonders herzliches Dankeschön geht auch an den Vertrieb des Verlagshauses, an Udo Zimmermann, Andreas von Bleichert und an alle Vertreter für ihren tollen Einsatz und die vielen wunderbaren Chancen, unser Buch zu präsentieren. Ein riesiges Dankeschön dafür auch an die Presseleiterin des Christan Verlags, Barbara Hoffmann, und an Thomas Nehm, Verlagsleiter für Sonderpublikationen, sowie an alle Partner.

Last, but not least: Ein großes Danke an all die anderen fleißigen Helfer beim Buch. Ein Dank geht an die Grafikerin Silke Schüler, die wie immer ein ganz zauberhaftes Layout designt hat – und für ihre wahre Engelsgeduld. An Eva Salzgeber für ein tolles Cover und die vielen geduldigen Entwürfe auf dem Weg dahin. An Susanne Spiel und ihr Team für ihre wunderschönen Bilder – von den Foodbeauties und von uns. Dank dir sind wir für das Buch über uns hinausgewachsen. Wir danken Susanne Langer für die tolle Arbeit am Text. Danke auch an Bettina Schippel für ihre Geduld und große Mühe. An Jana Roth für ihre Unterstützung bei den Bildern. Und zum Schluss natürlich an Anne Heinel für die Unterstützung und den Krawall, wo immer nötig!

Impressum

Produktmanagement: Eva Dotterweich, Anne Heinel
Textredaktion: Christina Wiedemann
Korrektur: Susanne Langer
Layout und Satz: Silke Schüler
Umschlaggestaltung: Eva Salzgeber
Repro: Repro Ludwig, Zell am See
Herstellung: Bettina Schippel
Texte und Übungen: Eva Dotterweich
Rezepte: Sarah Schocke
Fotografie Cover und Innenteil: Susanne Spiel,
außer: S. 19, 36, 39, 42, 43, 45, 47 (Shutterstock)
und S. 40/41, 49 (Jan Ott)
Foodstyling: Michel Supp

Printed in Italy by Printer Trento

Unser komplettes Programm finden Sie unter

 www.christian-verlag.de

Sind Sie mit diesem Titel zufrieden? Dann würden wir uns über Ihre Weiterempfehlung freuen. Erzählen Sie es im Freundeskreis, berichten Sie Ihrem Buchhändler oder bewerten Sie bei Onlinekauf. Und wenn Sie Kritik, Korrekturen, Aktualisierungen haben, freuen wir uns über Ihre Nachricht an:

Christian Verlag
Postfach 40 02 09
D-80702 München
oder per E-Mail an lektorat@verlagshaus.de

Die Deutsche Nationalbibliothek verzeichnet diese Publikation in der Deutschen Nationalbibliografie; detaillierte bibliografische Daten sind im Internet über http://dnb.d-nb.de abrufbar.

ISBN 978-3-86244-946-0

Ebenfalls erhältlich ...

ISBN 978-3-86244-694-0

ISBN 978-3-86244-666-7

ISBN 978-3-86244-667-4